编委会

本册作者

云南区域

杨茂春　和丽忠（迪庆州民族中等专业学校）

四川区域

傅之屏　王燚可　刘　雷　纪玉梅（绵阳师范学院）

上海区域

段玉山　张　琦　（华东师范大学）

我爱长江：中国水学校乡土教材（中学版）

香格里拉可持续社区学会　编

中国环境出版社·北京

图书在版编目（CIP）数据

我爱长江 : 中国水学校乡土教材 : 中学版 / 香格里拉可持续社区学会编. -- 北京 : 中国环境出版社, 2016.11
ISBN 978-7-5111-2809-6

Ⅰ. ①我… Ⅱ. ①香… Ⅲ. ①长江流域－生态环境－中学－教材 Ⅳ. ①G633.981

中国版本图书馆CIP数据核字（2016）第098579号

出 版 人 王新程
责任编辑 孟亚莉
责任校对 尹 芳
装帧设计 岳 帅

出版发行 中国环境出版社
（100062 北京市东城区广渠门内大街16号）
网 址：http://www.cesp.com.cn
电子邮箱：bjgl@cesp.com.cn
联系电话：010-67112765（编辑管理部）
010-67112735（第一分社）
发行热线：010-67125803，010-67113405（传真）

印 刷 北京中科印刷有限公司
经 销 各地新华书店
版 次 2016年11月第1版
印 次 2016年11月第1次印刷
开 本 787×960 1/16
印 张 6.75
字 数 85千字
定 价 40.00元

“中国水学校项目”简介

什么是中国水学校？

“中国水学校”是施华洛世奇国际水学校的一个组成部分。“国际水学校”项目最初由施华洛世奇在奥地利启动，目前已经推广至欧洲、非洲、亚洲。在中国，是由施华洛世奇、香格里拉可持续社区学会、中国教育部基础教育课程教材发展中心和联合国教科文组织在长江流域合作开展的水资源可持续管理和保护的教育行动，是联合国教科文组织发起的国际水文计划暨“生命之水国际十年（2005—2015）”的组成部分和联合国“可持续发展教育十年（2005—2014）”在中国的示范项目。

2008 年 1 月，“长江水学校”项目启动，由香格里拉可持续社区学会负责项目的总体管理和执行。项目第一阶段为期三年（2008.01—2010.12），在长江流域的青藏高原、四川盆地（包括川西山地）、重庆和上海地区的 33 所中小学校和社区中展开。项目第二阶段（2011—2013）扩展到青海、四川、云南、重庆、湖北、江苏、安徽、上海等更多的省、直辖市、自治区，试点学校增加至 59 所。项目在第三阶段更名为“中国水学校”，项目区域增加贵州、江西、湖南、广东、北京等，区域协调中心增加至 12 所，涵盖长江、珠江、海河三个流域，试点学校扩展到 100 所。

“中国水学校”项目在教育、生态这两个方面的主要目标是：

（1）以保护长江水资源为平台，鼓励青少年走进社区、走进自然，全面发展，在实践中获取真知。

（2）通过学校和社区的探索、示范、推广，推动公众积极参与，以行动促进长江、珠江、海河等流域的生态安全和可持续发展。

保护长江、珠江、海河流域的意义和紧迫性

长江从青藏高原格拉丹冬雪山的姜根迪如冰川起程，经过 6 380 公里的奔流，5 400 多米的跌宕，一路汇集几十条大河，从西到东横贯中国，滋养着 180 余万平方公里的土地。长江拥有中国 40% 的淡水资源，是中国近 1/3 的人口和不可计数的动植物的家园。全国 70% 的稻田、40% 的粮食、33% 的棉花、48% 的淡水鱼、40% 的工业总产值都集中在长江流域。

然而，就是这美丽富饶的长江、中华民族赖以生存的命脉，如今正遭受着历史上最严峻的考验。由于人口的增加、经济的快速发展以及人们对流域生态状况的无知和漠视，长江生态环境日益退化、水体遭受污染，全流域的生态健康和沿岸群众的生产生活面临严重威胁。据统计，全国范围的污染有 60% 发生在长江流域。长江已成为太平洋地区的最大污染源之一。

……

我们看到，为解决长江流域等的环境问题，尽管政府采取了不少措施，科技人员也付出了很多努力，但流域生态状况仍在持续恶化，前景堪忧。

如何群策群力，切实加强长江、珠江、海河流域水资源的可持续管理，维护流域生态安全，是摆在每个公民面前的紧迫任务。而作为国家未来的主人翁，青少年更要担负起守护水域家园的责任和义务。“中国水学校”项目鼓励青少年走出校园，走进社区，融入自然，在保护环境的行动中获取真知、能力与更大的智慧；在知行同步、健康成长、全面发展的同时，为流域生态安全和可持续发展作出贡献。

我们只是在唱歌时才说长江是母亲河，余下时间里便一律翻脸不认账，糟蹋母亲河。为此，我们还得付出代价，惩罚还只是刚刚开始。

泛滥、枯水，我们不知道，长江还会发生些什么……对于长江的认识，依然局限于为人而用的今天，无论什么样的专家都是片面的。

我们只能把伦理的范围扩展至大地上的一切，对长江负起伦理的责任，并在道德上谴责自己，然后才会有新的治河对策，并且确立中华民族与长江关系行为规范。

如果这样，长江将依然美丽地奔流，恩泽我们的子孙后代。

——徐刚《长江传》

“中国水学校”项目的教育理念

实施“中国水学校”项目，为青少年提供了参与社会实践的机会。通过家乡水域问题的甄别和解决，学生们切身参与到守护家园的行动中去，既有脑力的锻炼，又有体力的劳动，更有对自然保护和人生价值等重大命题的思考和体悟。这种基于当地环境问题的学习模式，让孩子们学有所思，学有所用，使自己的知识、心智和才能在实践中得到充分发展，成为负责任的未来公民，确保“长江依旧美丽地奔流，恩泽子孙后代”。

◆ 全面发展的学习目标：在调查家乡水域的过程中，学生们与自然亲密接触，运用各种感官汲取自然的智慧，愉悦身心。他们既要独立思考，充分发挥潜能；又要学会妥协和合作，寻求建设性的解决方案。

◆ 多维视角的思维能力：环境问题实质上是社会问题，它折射出地域文化和社会组织对于自然的关照和态度。长江等流域的水土流失和生态退化，有自然的因素，但更多的是人为干扰。因为人类认识的局限，因为技术落后和决策的不当，因为不同利益诉求的追逐，长江已经不堪重负。审视长江水问题，学生需要整合环境、社会、经济、文化、政治等各领域知识，将自然、文化、社会、决策关联起来，在实地调查和研究中获取真知。这样，才能冲破从书本到书本的没有根基的“伪知识”的束缚。

◆ 系统综合的学习途径：学校课程在于传承人类优秀文化，项目行动学习则帮助学生打破学科界限分割的藩篱，知行共举，劳力劳心，透过水域问题的解决，建立系统而综合的知识体系。

在项目实施过程中，青少年能够在知识、技能、态度价值观等各方面得到综合的提升：

◆ 知识：学生将调查和理解长江流域生态系统的范围、结构和功能，进一步熟悉有关大气、河流、土壤、生物多样性和能源资源使用、污染防治、生态保护以及与生态环境问题密不可分的社会、经济、文化等多领域的知识。

◆ 技能：设计与实施水域保护行动，学生需要将在学校课程中学到的各项学科技能予以融合，信息加工、组织领导、人际交往、创新、表达、沟通和交流等一般性技能也将得到提升。

◆ 态度价值观：扎根地方水域，学生可以学习和汲取民族优秀文化和传统道德中的营养，为解决当代问题提供一个视角。剖析地方水环境问题，学生可以反思人与人、人与自然的关系，有所担当，展示作为智慧生物的人类所应有的能力、情操和胸怀。

“中国水学校”项目的主要特点

◆ 综合性：从学习内容看，项目覆盖自然科学与人文社会两个方面；从学习过程看，项目帮助学生尝试从多种角度全面理解环境系统，掌握社会环境与生态环境及其内部各组成部分之间的密切联系和相互作用；项目以跨学科的方式融入各科教学中，依托社区或者通过综合实践活动来开展。

◆ 实践性：强调学生在亲身体验中发现和创造知识；项目提供平台，让孩子们有机会真正参与守护长江等流域、守护心灵家园的行动；在解决现实问题的过程中发展创新能力及批判与反思能力；在参与中增进交流与理解，形成正确的环境价值观；促进学生社会实践能力的发展，形成与环境和谐相处的生活习惯，增强积极参与有关环境和可持续发展决策和行动的意识。

◆ 相关性：项目活动以水域为对象，在社区中进行，强调贴近学生的日常生活和社会实际，鼓励亲身体验，让学生在真实的问题解决场景中学习和成长。另外，项目强调与民族传统文化的紧密联系。挖掘各种机会，让青少年更多地学习和了解民族古老智慧和优秀文化传统，从中汲取营养，寻求新时期环境及其社会因素的解决方案，为人类社会和人类文明的发展作出中国青少年应有的贡献。

“中国水学校”的实施策略

“中国水学校”将建立广泛的合作伙伴关系，通过各种项目活动提升公众参与水资源可持续管理的认识和能力，并共同行动，有效保护长江、珠江、海河等流域水资源和生态环境。“中国水学校”将搭建一个平台，促使流域居民在参与水资源保护的学习和行动的过程中：

◆ 理解水资源对于地球上一切生命的不可替代性；

◆ 关注生态、经济、社会和文化因素对本地和全球水资源状况的影响；

◆ 遵循水资源可持续管理的原则；

◆ 实现个人、社区、政府社会各层面的通力合作，共同保护长江流域的水资源环境和生态安全。

“中国水学校”项目学习和行动的三个层面：

个人层面：提高项目参与者（学生、教师和社区群众等）关于水资源保护和可持续管理的知识、技能、伦理价值观和行动意愿。

组织机构层面：增强参与“中国水学校”项目的学校和社区水资源教育和保护的能力。

社会层面：建立广泛的合作伙伴关系及网络，促进水学校和社区与社会各界的联系和互动，通过水资源保护教育、推动公众积极参与，以实际行动保护长江生态环境，实现长江流域的可持续发展。

“中国水学校”项目的实施途径

“中国水学校”项目的实施为培养学生的创新精神和实践能力提供了很好的机会和平台。同时，学校和教师可以依据自身的条件，通过多种途径和多种方式，创造性地达成项目目标，实现自身发展和成长。“中国水学校”项目的实施途径包括以下五个方面：

（1）资源开发：项目正在开发一套以水为主题的跨学科系列课程，使用范围为 1 ～ 12 年级。该课程注重本土化和实践性，以当地自然环境和人文风貌为大背景，不仅教授学生水资源知识，更提供实践案例和实地调查研究活动，力图使学生走入真实世界，观察、发现和解决问题，获得直接参与家乡水资源保护的现实机会。

（2）教师培训：“中国水学校”项目为试点学校教师和社区教育者们提供了新颖、高效的参与式培训课程，以提升参与教师的能力水平，保证项目成功实施。教师培训内容涉及面广泛，包括水资源管理、生态环保和教育教学等主题，也有学校项目开发和管理方面的内容，并针对当地特点和实际问题设计和提供专题课程。

（3）学校活动：在校内校外、课内课外开展内容丰富、形式多样的水环境教育活动。

（4）社区行动：“中国水学校”的学生在教师指导下，深入社区，自主调查、发现社区中存在的水资源问题，并与社区居民合作，推动整个社区参与到水教育和保护的实际行动中。师生们也将和社区一起策划并实施社区服务项目。

正在开展的社区项目包括云南香格里拉的“纳帕海社区关爱湿地”项目和“珠巴罗社区关爱河流”项目、四川的“大熊猫与河流”项目和“与水为媒，重建与自然和传统的联系”项目、上海的“社区海岸线水资源共管”项目和“在城市中长大”项目等。

（5）交流网络建设：“中国水学校”将建设多种交流平台，为项目的各方参与者提供相互了解、沟通交流、提出建议和分享成果的机会。如举办“儿童论坛”、“项目学校经验交流年会”，在专业期刊和少年报刊上开设水环境教育专栏，出版项目通讯，建立互动式水教育网站等。

项目还将开展名为“江河的儿女”的交流子项目，以此促进不同地域、不同背景试点学校和社区之间的交流，分享及探讨在水资源可持续管理及利用、水学校项目开展方面的经验。这些活动不仅将丰富参与者对可持续发展问题的认识，也将促进多种文化的交流与理解。

内容简介

一、背景综述

资源开发是中国水学校项目的五个部分之一。此子项目的目的是集中三个区域及各试点学校的力量，开发一整套以水（长江、珠江、海河流域）为主题的适合基础教育阶段使用的跨学科教学资源。在内容上，以当地的自然环境和人文环境为背景，透过自然、社会、文化、经济、历史等视角，系统地探讨水资源的自然特性、水域保护和可持续管理的策略，基于地域特色把握人水关系在不同地域景观、不同生产力水平下的特质与文化内涵。课程资源采用动手做、角色扮演、价值澄清、模拟、辩论、绘画、写小论文、手工制作、实验操作、实地调查等鼓励主体参与的教学策略，力求在建构水概念、提高爱水保水意识的同时，给学生提供接触和品味家乡人文社会和自然环境的线索和途径，批判性地思考社会、文化、决策与自然等因素与水资源管理的关系。

二、技术路线

2008年春，在北京密云和人民教育出版社举行的两次讨论会上，John Huckle先生和来自云南、四川、上海三地的老师以及香格里拉学会的工作人员共同确定了资源开发的概念框架和资源类别。会议决定，由学会协调和支持，三个区域中心协作，组织项目试点学校的骨干老师，集体完成课程资源的开发工作。

此后，三个区域中心向学会提交工作计划，启动资源开发工作。三个区域中心分别召集了4～5次小型研讨会，汇总和交流资源开发的成果，就集中暴露出的问题和困难提出应对的建议。学会一方面汇集并通报三个区域的工作进展，另一方面通过书面反馈和现场面对面的交流，就典型问题提供咨询。实践证明，课程资源的开发也是参与者开展自我反省、达成专业发展的学习过程。

2009年春夏之交，三个区域陆续向学会上交了课程资源的初稿。学会与区域中心商定，区域中心在暑期制订课程资源试验和修订计划，安排试点学校和专任老师，让课程资源在2009年秋季学期走进课堂，收集实验数据（包括实验计划、教学设计、学生活动记录、教学反思日志等），在2010年春季完成修订工作。以活动包的实验为例，每个项目学校至少有一位老师、两个教学班参与；各个学校除了实验本区域开发的16个活动外，也要尽可能多地实验其他两个区域开发的活动。

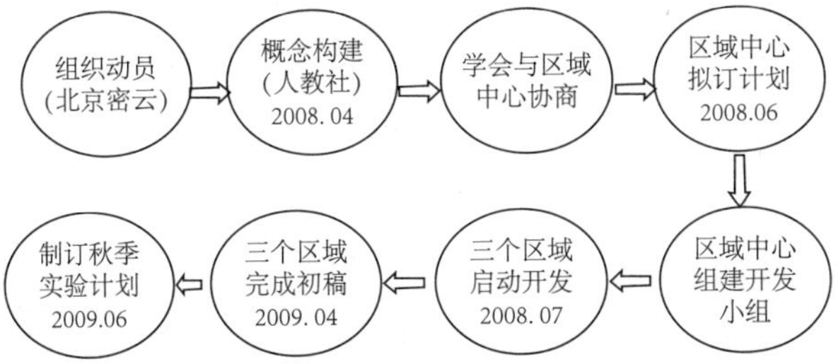

中国水学校课程资源开发技术流程（第一阶段）

三、行动理念

课程资源的开发围绕水域认知、水资源的保护与利用展开，在开发过程中力求遵循和体现以下思想：

（1）长江、珠江、海河及其支流构成流域子系统，孕育了丰富的生物多样性并构成生命支撑系统。

（2）长江、珠江、海河流域均为中华文明的发源地，是人们赖以生存的源泉。随着城市化进程的加快，流域提供生活的资源及其支撑能力面临巨大威胁。未来世代赖以生存和发展的潜力及机会有可能被削弱。

（3）实现流域可持续发展，需要讲政治，着眼未来，采取协调一致的行动。

（4）集体决策和协调行动是跨自然地理界线、跨社会领域、跨行政单元的。经济发展和经济增长不是单一的要素，需要作长期的、超越地方利益的、超越部门利益的考虑。

（5）流域是人类活动的舞台，成就了文化足迹和地方认同。人、地的和谐共处，流域孕育了丰富多样的文化。

（6）加强儿童参与和公民素质教育，通过儿童影响家庭和社区，小手拉大手，形成全社会和谐共建的氛围。

（7）注重富有趣味、联系生活的学习过程，与国家课程改革和学校课程发展相配合。活动内容应融合教育、可持续发展和寓教于乐的要素。

（8）活动的设计和内容根据国际课程资源开发的标准进行。着眼全球，立足本地；重视概念与生活的联系，重视学校和社区的联系，重视科学知识和本土知识的联系。

四、资源类别

（1）活动包：针对小学低年级（一～三年级）、小学高年级（四～五年级）、初中、高中四个学段，每个区域开发 16 个活动，合计 48 个活动。每个学段的活动都将涵盖水域分析、流域综合管理、社会学习、文化学习 4 个主题。

（2）乡土教材：分为小学和初中两个版本，每册课时约 8 个学时；合计 6 册。小学版以村庄或街道为背景，图文并茂，介绍较小区域内人们对水的利用以及当地生物和文化多样性。初中版聚焦区域的水质、水利、生物与文化多样性等方面的内容，如上游（云南）可侧重森林，中游可侧重大坝，下游（上海）可侧重污染。

（3）长江读本：以小学生和初中生为对象，以长江为背景，从可持续发展的角度出发介绍长江流域的自然和人文特色，传播可持续水资源保护和管理的理念和策略。读本的写作由上海区域中心的老师承担。

（4）流域分析技术手册：由香格里拉可持续社区学会组织上海、四川、云南三个区域中心和人民教育出版社的编辑共同编写，主要供中国水学校项目的老师制订和实施水活动方案参考。手册内容包括中国水学校项目简介、中国水学校的行动哲学、学校水课程的计划与实施、校园地景营造与社区景观分析、水的理化性质指标与测试、水性质的生物学检测方法等方面。

疏漏之处在所难免，请读者不吝批评指正，以便我们提高书稿质量。来信请寄：

香格里拉可持续社区学会

北京市朝阳区建国路 88 号 SOHO 现代城 3 号楼 1605 室

邮编：100022

电话：010－85802623

中国水学校项目的策划与实施，显示了政府部门、非政府组织、企业携手合作保护母亲河的决心和行动。在我们大家的共同努力下，中国水学校项目必将取得成功。让我们在科学发展观的指导下，为全球可持续发展的实践贡献来自我们的智慧和力量吧。

本书编写组

2015 年 8 月

目 录

第一部分　云南区域

第二部分　四川区域

第三部分　上海区域

第一部分　云南区域

第一章 卓玛的家乡

卓玛今年已经13岁了，她一直很想知道自己的家乡究竟在地球的什么地方。于是，卓玛约了拉姆跑到新华书店买来了一张中国地图，迫不及待地铺在了地上。

从哪儿入手呢？她俩很快在地图上找到了长江，于是决定顺着长江来寻找自己的故乡。卓玛从青藏高原顺着金沙江而下寻找着，拉姆从上海逆流而上寻找着。卓玛很快就在金沙江拐向东去的地方发现了“香格里拉”四个字。此时，拉姆也越过三峡、划过重庆，直奔云南境内。“找到了，找到了！”她俩高兴得蹦了起来。

她俩决定再去买一张迪庆地图拿到班里让每一个同学把自己的家乡标注在上面，让大家分享家乡迷人的景色。

知识点

迪庆藏族自治州位于祖国西南边陲，云南省西北部，辖香格里拉市、维西傈僳族自治县、德钦县和香格里拉经济开发区。在23 870平方千米的土地上居住着藏族、傈僳族、纳西族、彝族、汉族、回族、白族、苗族等26个少数民族，他们世世代代和睦相处，全州人口已达37万多人。如今，全州各族人民在中国共产党的正确领导下，正在为把迪庆建设成为全国藏区跨越发展和长治久安示范区而努力奋斗着。

迪庆幅员辽阔，自然资源十分丰富。迪庆的雪山冰川气势磅礴，有梅里雪山、白马雪山和哈巴、巴拉更宗等北半球纬度最低的雪山群，其中梅里雪山中最长的冰川明永恰是罕见的低海拔（海拔 2 700 米）现代冰川，这些冰川具有巨大的观赏价值和科学考察、探险价值。金沙江、澜沧江贯穿迪庆全境，其中澜沧江大峡谷、虎跳峡和碧壤峡谷以深、险、奇、峻闻名于世。这里也有风光迷人的白水台、雪山草甸和湖泊。神女千湖山、碧塔海、硕都湖、纳帕海、天鹅湖等高山湖泊是亚洲大陆最纯净的淡水湖泊群。大小中甸、硕都湖等秀丽草甸占全州土地面积的1/5。与此同时，迪庆拥有上百种珍稀树种，数百种中药材，野生花卉 1 060 科 312 属 1 578 种和数不胜数的珍禽异兽，在这里滇金丝猴就占到世界总量的58%。因而，迪庆又称为“动物王国”、“植物王国”和“有色金属王国”。

香格里拉市区

维西县城

德钦县城

【一起做游戏】

准备材料：全班分成 4 ～ 8 组，每组准备一张迪庆地图或县域地图。

每一个同学在地图上找到自己家乡所在的位置，并记住离家乡最近的一条长江支流，看看这条支流的河口在长江迪庆段的位置。

排排队：全体同学一起动手把教室的桌（或椅）重新排一排，让过道呈“U”字形。然后请同学们按照河口自上游至下游的顺序站在过道旁，大声说出自己代表的支流的名称，同时发出“哗哗”的流水声。

每一位同学夸一夸自己代表的河流，介绍河流的流程、流量、流速、沿河美丽的景观以及它与家乡生产生活的密切关系。

扩展任务

1. 请你给爷爷、奶奶、爸爸和妈妈讲一讲迪庆州在祖国版图上的位置。

2. 请他们给你讲一讲家乡改革开放 30 多年来取得的成就，并与全班同学一起分享家乡的巨大变化。

第二章　水从哪里来？将往哪里去？——一滴水的旅行

这几天，卓玛总觉得有一件事情很纳闷，天上有时下雨，有时下雪，有时下冰雹。这些水从哪里来？又去了哪儿？如果说汇入江河流向大海，那么，一旦海平面上升，居住在海边的人们怎么办呢？卓玛越想越着急，便约上拉姆一阵风似地跑到了奶子河边，去向河水问个明白。河水轻轻地划过她俩的脚丫，骄傲地讲述起它们一生的旅程……

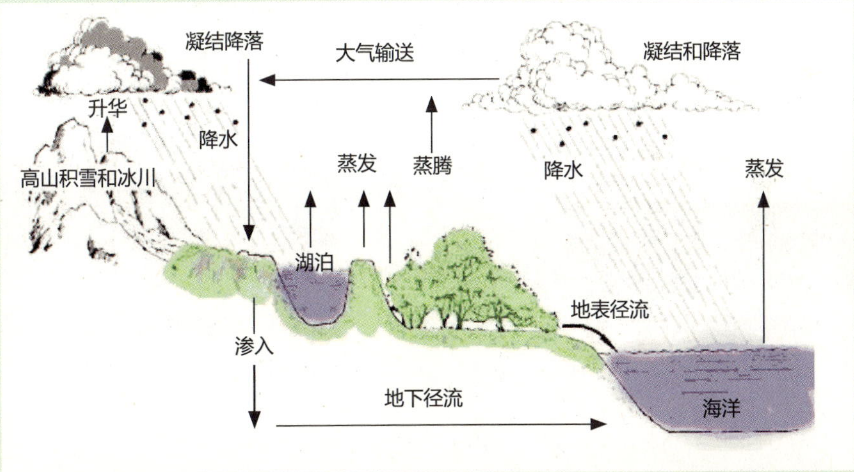

我是一滴小小的水珠，同我的其他兄弟姐妹一样，我们都在海洋母亲的怀抱里快乐地生活着。一天，在太阳公公的帮助下，我们都飞起来了，我们一路欢快地飞过草原，飞过大山，飞过城市，飞过村庄，这时候人们都把我们叫作“云”。有时候，我们穿上漂亮的彩衣，有时候，

我们穿上乌黑的绸缎，人们会根据我们衣服的颜色来判断我们的心情。

有时候，我们会碰到空气里的灰尘，那些灰尘粘在我们的衣服上，我的兄弟姐妹们都会过来帮我拍打尘土，我们紧紧地抱做一团，一不小心就会从高空中掉下去，在不同的季节里，我们的样子都不一样，人们给我们取了许多有趣的别名：雨、雪、冰雹……

我们来到了地面上，一路欢唱，一路奔跑，跑过了山川、森林、草地。只要是我们走过的地方都会有草肥水美，牛羊欢歌。但有时候，我们也会不小心践踏庄稼，毁坏家园，冲垮河堤……

走啊走，唱啊唱，我和我的兄弟姐妹们一路欢唱着，沿着地势，向着母亲的方向飞奔……

听着，听着，卓玛和拉姆的心已经飞到了从未到过的大海，完成了一次如梦如幻的旅行。她俩真想把香格里拉如诗如画的美景和祝福装进漂流瓶，请奶子河河水带给全世界的小朋友，欢迎他们来这里做客，分享大自然赐予香格里拉的美景。

知识点

金沙江是迪庆州境内一条重要的河流，是长江的上游。长江江源水系汇成通天河后，到青海省玉树县境内进入横断山区，开始称为金沙江。其流经云南高原西北部、川西南山地，到四川盆地西南部的宜宾接纳岷江为止，全长 2 316 千米，流域面积 34 万平方千米。流经山高谷深的横断山区，水流湍急，向东南奔腾而下，至香格里拉县金江镇三水坪突然转向东北，形成著名的虎跳峡，两岸山岭与江面高差达 2 500 ～ 3 000 米，是世界最深峡谷之一。金沙江落差 3 300 米，水力资源 1 亿多千瓦，占长江水力资源的 40%以上。流域内矿物资源丰富，但流急坎陡，江势惊险，航运困难。

【一起做游戏】

准备材料：卡纸、彩色笔、胶水、缩筋带、剪刀。

想一想：人们都给水取了怎样的名字？例如，雨、云、冰、雪、冰雹、霜、露、冰川、小溪、江、河、湖、海……

打扮自己：把水的别名形象地做成帽子，在帽子上用形象的颜色绘上水的形态，大胆又漂亮地写上水的别名。

这个游戏很有趣：请老师在教室或户外为同学们选定哪里是海洋，

哪里是陆地，同学们就要开始一滴水的旅行了。请老师为我们扮演太阳公公好吗？

游戏过程：在太阳公公的帮助下，大海里的一滴水开始蒸发，到高空凝结成雨雪，大部分回到海洋，一部分腾云驾雾来到陆地上空，遇到山峰，遇到冷空气，开始冷却凝结，雨、雪、冰雹从天而降，有的蒸发，有的下渗形成小溪，汇入江河，流向大海母亲的怀抱。

思考

1. 你知道家乡或者学校附近的河流为什么在冬夏季节会有流量的变化吗？

2. 河流里的水冬天是清澈的，而夏天为什么变浑浊了呢？

扩展任务

1. 向你的父母和家人了解家乡河流的情况。

2. 在《中国地图》上找出长江上、中、下游的主要支流和沿岸的大中城市以及重要的水利工程。

第三章　水和森林的约定

放暑假了，香格里拉早已是花的世界、歌舞的海洋。天刚蒙蒙亮，卓玛已经吃过糌粑，喝足了酥油茶，带上阿爸为她编制的尖底篮跟着阿爸阿妈向着森林深处进发。一朵朵鲜美的带着露珠的松茸正等着小卓玛来采摘。中午时分，卓玛一边嚼着干粮惊奇地望着参天大树，一边不停地让阿爸给她讲述森林和水的故事。

水和它的兄弟姐妹们在地球每一个角落的旅行当中，会以雨、雪、云、雾、霜、露、小溪、山泉等千姿百态的形式，渗透到每片森林、草原、农田、沙漠、高山、峡谷中，可以说水的身影无处不在。

森林可以增加降水量

在世界自然遗产——“三江并流”地区，在雪峰环绕、林海茫茫、草甸无垠的神奇的香格里拉，与它们关系最密切的朋友就是茫茫林海，

于是，它们决定和森林定下一个美好的约定："森林啊，请你成为我们的庇护所，请你成为我们的大水库，请你成为我们的调度师。"

森林承诺道："土壤和水是森林植被赖以生存的必要条件，你们滋养我成长，你们哺育我成材，我将尽我所能回报自然母亲，回报人类。雨滴啊，当你经过了长途跋涉，从天上快速落下的时候，请让我把你捧在我的手心里，缓缓落在地上，安静地休息吧！让我成为你的天然大水库。当太阳公公需要时，你又可以继续你的全球之旅了！"

卓玛听完水和森林的约定，心中感慨："原来森林是个看不见的大水库啊！"

知识点

森林就像大自然的"调度师"，它调节着自然界中空气和水的循环，影响着气候的变化，减轻环境污染给人们带来的危害。

森林不愧是"地球之肺"，每一棵树都是一个氧气发生器和二氧化碳吸收器。一棵椴树一天能吸收 16 千克二氧化碳，150 公顷杨、柳、槐等阔叶林一天可产生 100 吨氧气。

森林能涵养水源，在水的自然循环中发挥重要的作用。“青山常在，碧水长流”，树总是同水联系在一起。降落的雨水，少部分被树冠截留，大部分落到树下的枯枝败叶和疏松多孔的林地土壤里被蓄留起来，有的被林中植物的根系吸收，有的通过蒸发返回大气。1 公顷森林一年能蒸发 8 000 吨水，使林区空气湿润，降水增加，冬暖夏凉，因此它又起到了调节气候的作用。

森林能防风固沙，制止水土流失。当狂风吹来，它用树身树冠挡住风的去路，降低风速，它的树根又长又密，紧抓住土壤，不让大风吹走。大雨降落到森林里，渗入土壤深层和岩石缝隙，以地下水的形式缓缓流出，但却不带走土壤。

1971 年第七届世界森林大会决定将每年的 3 月 21 日定为“世界森林日”，以引起各国对人类的绿色保护神——森林资源的重视，通过协调人类与森林的关系，实现森林资源的可持续利用。

【一起做游戏】

森林中的精灵

准备材料：卡纸、剪刀、水彩、画笔、缩筋带等，如果有可能的话，用动植物的照片来替代更好。

角色选择：冷杉、云南松、红豆杉、杜鹃花、松萝、松茸、一窝菌、虫草、高山栎、滇金丝猴、小熊猫、大黑熊、麂子、獐子等（建议角色选择时适当考虑身高、衣服颜色等因素，并注意森林生态系统之中物种的数量比例）。

开始游戏（在可能的情况下，建议到学校附近的树林中开展活动。如果没有树林，建议在校园绿化区进行游戏活动）：

1. 在树林中各种角色可以自由嬉戏，包括摸爬滚打，但要保护好植被，避免破坏。如果出现破坏行为，相应的角色应提出有力的抗议。

2. 在活动之初，教师可以有意识地让学生扮演森林生态系统中各个食物链的环节，以食物链的方式进行游戏活动。游戏的目的是让学生了解森林植被的重要性。

思考

1. 在户外，如果遇到大雨，人们会躲到大树下，为什么这样做？

2. 打雷、闪电时，为什么不能躲到大树下呢？

活动

1. 我也来种上一棵树。

2. 我来认领校园里的一棵树，让它茁壮成长。

第四章　孩子们，你们快乐地嬉戏吧！——认识池塘中的生态系统

由于迪庆高原的气候具有“长冬无夏春秋短”的特征，短暂的暑假眼看就要结束了。卓玛在和阿爸阿妈一起劳动的过程中，了解了许多大自然常识，学到了许多书本以外的知识，她对阳光、土壤、森林、水、大气、动植物的兴趣越来越浓。

开学前一天，卓玛、拉姆、央宗和旺堆等儿时的小伙伴们来到奶子河源头戏水。他们看到清澈见底的水塘里，小鱼儿在水草之间来回穿梭，孩子们本不忍心打破这种宁静，却因为旺堆一个“鱼儿吃啥长大”的问题争论起来。

知识点

香格里拉区域的河流和湖泊很多，碧塔海、属都湖、纳帕海、黑海、碧沽天池、金沙江、澜沧江和其境内的所有支流不仅是著名的风景区，更是迪庆维持生物多样性的重要前提。

空气、阳光、土壤、水体、泥沙等构成了动植物生存的无机环境。

各种水生植物是水生动物的食物，称为生产者；通常看不见的各种细菌不停地分解着动植物的尸体，它们是水体环境的清洁工，称为分解者；各种水生动物，如鱼、虾、蛙等统称为消费者。因为有水的哺育，各种生物在这里快乐地生活，它们相互依存，以食物链的形式组成了一个和谐的大家庭。娃娃鱼、黑颈鹤、碧塔重唇鱼等是国家级重点保护动物，有着很重要的科研价值。

在金沙江、澜沧江沿岸和迪庆高原坝区，很多地方都有人工养殖的鱼类，这是对自然鱼类资源的一个重要补充。

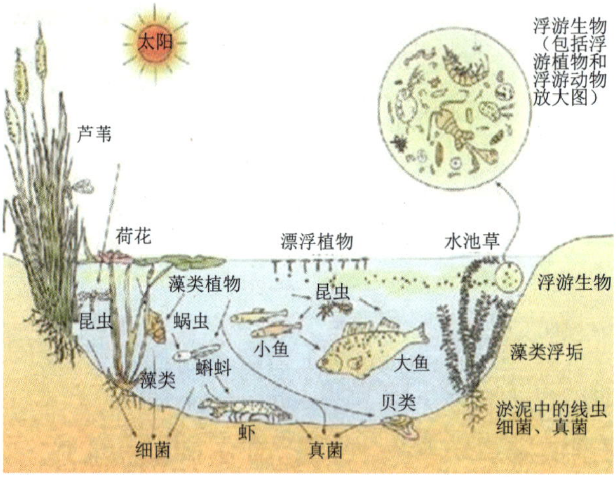

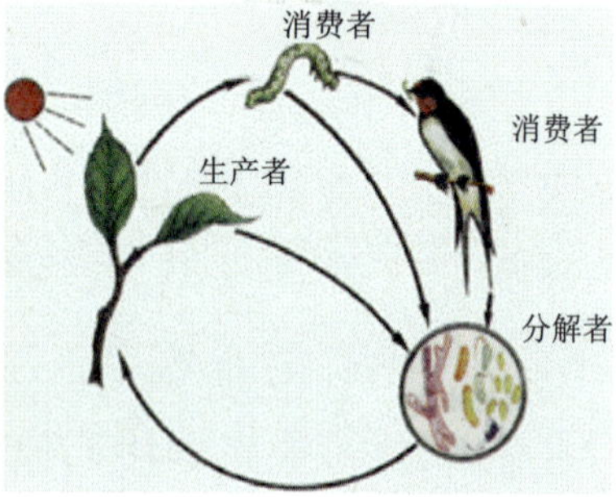

【一起做游戏】

池塘里看不见的“链条”

准备材料：毛线、卡纸、剪刀、水彩、画笔、缩筋带等，如果有可能的话，用动植物的照片来替代更好。

角色选择：鱼、虾、水草、细菌、泥沙、蜻蜓、蚊子、水鸟……（建议角色选择时适当考虑身高、衣服颜色等因素，并注意池塘生态系统

中物种的数量比例）

开始游戏：每位同学选择好相应角色后，围成一个圆圈，每位同学都拿着毛线去找到自己的“食物”，每找到一种，就让“食物”拿住另一段线头，自己继续寻找下一种食物，最后看看谁手里面的线头最多，然后请老师来解释线头背后的秘密。

知识点

碧塔海湿地面积 1 985 公顷，平均海拔 3 568 米，属于保存较为完整的封闭型高原淡水湖泊湿地。这里是碧塔重唇鱼等珍稀鱼类的栖息地，也是包括黑颈鹤在内的多种珍稀鸟类重要的停歇地和越冬地。这里作为青藏高原的重要汇水区，对长江中下游蓄水防洪和调节水量平衡起着重要作用。

纳帕海湿地，面积 3 434 公顷，平均海拔 3 568 米，是由草甸、沼泽和湖泊构成的喀斯特型季节性芦苇湿地。由于海拔高差明显，形成了丰富多样的植被类型，是黑颈鹤等珍稀濒危鸟类的重要越冬栖息地。这里还拥有季节性淹没的天然湿草地自然漫滩，对区域性水文和气候调节具有重要的影响。

思考

1. 如果大量地捕食金沙江里的鱼类会导致什么结果？
2. 迪庆为什么会有这么丰富的自然资源？

扩展任务

绘制一幅你学校周围的池塘、河流或森林生态系统的图。

第五章 地球人，浪费我，剩下的最后一滴水也许就是你的眼泪

星期六，卓玛回到了家。这是新学期开学以来她第一次回家。同往常一样，卓玛和全家人围坐在火塘边一边聊天一边看电视，突然，电视上的一句公益广告深深触动了卓玛的心——“地球人，浪费我，剩下的最后一滴水也许就是你的眼泪！”

难道这是真的吗？难道真的这样可怕吗？一连串的问题久久困扰着卓玛，迷迷糊糊之间她的思绪已经进入了茫茫太空……

从遥远的太空回望我们共同的家园，碧蓝的星球上镶嵌着的黄色是高原；点缀着的绿色是森林、草原和农田；星星点点的灰色是人类的居住地；连成一大片一大片的蓝色是我们水家族的集结地——海洋。除此之外，你还可以看到许多围绕地球的白色旋涡状的区域，那是我们的团队——云，在天空中遨游……

因为海洋占据了地球表面积的72%，所以人类亲切地称我们的地球为“水的行星”，这使我感到无比的骄傲。但是我要十分抱歉地提醒你们：我可以提供给人类生产生活的淡水资源是极其有限的，请你们珍惜每一滴水。下面就让我慢慢地说给你听：

我们的家族按照分布的不同，可以分为海洋水、陆地水、大气水；按照性质的不同，可以分为咸水和淡水，海水全是咸水，而咸水是不能直接利用的；按照物质形态的不同，可以分为液态水、固态水（冰川、积雪等）、气态水和生物体中的水。

在我们这个庞大的家族中，97%都是又苦又涩的海水和陆地咸水，是不能喝的。在占全球水体 2.5% 的淡水家族中，68.7% 是冰川和积雪，他们在遥远的南极、格陵兰岛和高耸入云的喜马拉雅等山区。30.36%的地下水兄弟，躲在很深很深的岩石圈内，很难抛头露面。剩下的不足 0.03%的才是你所见到的小溪、江河、湖泊、沼泽和浅层地下水。真是少得可怜啊！

各种形态水所占比例		体积 /km^3	占比 /%
气态水		12 900	0.001
地表水	海洋	1 338 000 000	96.5
	冰川和永久积雪	24 064 100	1.74
	湖泊	176 400	0.013
	沼泽	11 470	0.0008
	河流	2 120	0.0002
地下水	包气带水	16 500	0.001
	饱和带水	23 400 000	1.7
	永久冻土带固态水	300 000	0.022
合计		1 385 983 490	100

水体的类型和体积

而且我们也不是很听话，有时候我们会在不同的季节，从天而降。多的时候，会带来山洪暴发，淹没农田，甚至村寨、城市；而滴雨不下时，会让大地干裂，河道干涸；有时候我们会集中在地球的某些地方，这些地方就会发生洪涝灾害，而别的地方却干旱少雨。当然，这也不能全怪我们，我们无法做到在全球各地、春夏秋冬间平均分配，估计即使再过亿万年，我们也是无能为力的。请你谅解我们吧！

其实，最可怕的还不是这些。最让我们愤怒的是地球人的无端浪费：全自动洗衣机转个不停，车子每天都在洗，你知道每天从卫生间马桶里又冲走了多少水吗？……小卓玛，尽管香格里拉淡水资源和水能资源都很丰富，但是干旱、洪涝、泥石流等自然灾害，你和小朋友们也听说过吧？

至于最讨厌的水体污染问题，将在下几节课中和大家共同来探讨。

知识点

中国水资源现状

中国的水资源贫乏到什么地步呢？联合国一项研究报告指出：全球现有12亿人口面临中度到高度缺水的压力，80个国家水源不足，20亿人口的饮水得不到保证。预计到2025年，形势将会进一步恶化，缺水人口将达到28亿～33亿。

世界银行的官员预测，在未来的5年内“水将像石油一样在全世界运转”。

中国已被列为全世界13个贫水国家之一，人均淡水资源仅为世界人均水平的1/4，居世界第109位。而且中国淡水资源分布不均，大量淡水资源集中在南方，北方淡水资源只有南方淡水资源的1/4。据统计，全国600多个城市中有一半以上的城市不同程度缺水，沿海城市也不例外，甚至更为严重。由于工业废水的肆意排放，80%以上的地表水、地下水被污染。

云南砚山大旱：渴盼水的眼睛

2010年，云南碰上了百年不遇的特大旱灾，据不完全

统计，渔业、农业损失共计 170 亿元，这个损失是可以算出来的，云南人均减少收入 676 元，这就导致了有 100 万人返到贫困线以下，贫困人口从 500 多万上升到 600 多万。

云南省的统计数据显示，截至 2010 年 3 月 15 日，全省秋冬播种的农作物受灾面积达 3 217 万亩（1 亩 =0.066 7hm^2），成灾面积 2 472.3 万亩，绝收面积 1 439.7 万亩。其中小春粮食作物受灾面积达 1 573.1 万亩，成灾面积 1 260.1 万亩，绝收面积 877.6 万亩，全省因旱灾造成种植业直接损失达 114.5 亿元，小春粮食比上年减产 50% 以上。

【一起做游戏】

容易利用的水资源是这样少吗?

准备材料：卡纸、硬纸板或废旧的一次性纸杯、水彩颜料、彩色笔、剪刀、铅笔、废旧一次性筷子、胶水。

制作过程：把卡纸剪成水滴状，染上蓝色，制作 100 个水滴，其中海水 96 个，冰川 1 个，永久积雪 1 个，深层地下水 1 个，把容易利用的淡水做成较小的 1 个，并在这些水滴上写下水的名称。

让学生把已经制作好的间隔较小的小水滴贴在黑板上，并以海水、陆地水分区域粘贴，把容易利用的淡水贴在另一区域。

游戏开始：让同学们表演人类利用淡水的各种行为，例如，喝水、工业用水、农田灌溉、洗澡、洗车……

让表演每个用水行为的角色跑上讲台，在容易利用的淡水上撕去自己所需的部分。最后上来的同学未找到属于自己的部分，则要表现为愤怒、伤心、哭泣等痛苦的表情。

在各种角色的扮演中，鼓励同学们做出夸张、贪婪的表情，并说出一两句关于索取方面的话语。

思考

1. 你的家庭生活中，有哪些浪费水的行为？

2. 你能想出一两种关于节约用水的好办法吗？

第六章 大人们，请你刀下留情！

现在，卓玛和她的同学们都已经知道，森林是水最好的伙伴，森林这个天然大水库被破坏，水就会毫无遮拦地带着泥沙冲下山来，冲毁河堤，淹没农田甚至村寨。所以，植树造林是人类给大自然最好的礼物，保护森林就是保护水资源、保护人类。

卓玛永远也不会忘记爷爷曾经给她讲过的一段经历。

知识点

香格里拉在三四十年前，原始森林遮天蔽日，郁郁葱葱。但是在二十世纪六七十年代，为了支援国家建设，大片大片的原始森林被砍伐，成群结队的大卡车把木料源源不断地运往内地。曾经的参天大树含泪离开故土，漂过虎跳峡，奔向长江中下游。当时的香格里拉财政被称为“木材财政”。

香格里拉由于山高坡陡，居民居住分散，生产方式滞后，生活水平普遍偏低，有明显的“靠山吃山”的落后传统观念。居民起房盖屋、生火做

饭以及冬季取暖都离不开木材，形成了典型的“火塘文化”。因此，山林的破坏进一步加剧，使原本就脆弱的生态雪上加霜，无力承载。

活动

在照片左边的空格内写上大人们做的错事（用红线标注以示警告），在照片右边的空格内写上你对大人们的建议（用绿线标注以示可行的改进建议）。

思考

1. 在平时的家庭生活中，你家有哪些破坏森林的行为？你有什么想法？

2. 你家附近的小河或金沙江一年中的流量有什么变化？什么时候河水最浑浊呢？与降水量有什么关系？

扩展任务

每位同学绘一幅家乡森林被砍光后的图画。

第七章　地球人，请不要把我当作垃圾场

蓝天白云下，草原上的狼毒把香格里拉染得火红火红，使来自世界各地的旅游者流连其间，忘了归期。

吃过晚饭，卓玛和拉姆像往常一样来到纳曲河畔背书。背着背着，一股刺鼻的恶臭扑面而来，她俩四处张望，发现难闻的气味正是来自纳曲河被污染的中游河段，漂满垃圾的浑浊河水忍不住向她俩哭诉自己的不幸遭遇……

我和我的兄弟姐妹们在地球各个角落旅行的过程中，原本是清澈透亮的。在你们的教科书中把我们定义为无色、无味、无臭的物质，其实一点没错。我们从天而降，汇成江河，流向大海，在这一过程中，

我们并不娇气，我们可以净化一定的污染物，也就是说，我们有一定的自净能力和自我调节功能。然而，人类错误地高估了我们的净化能力，把生产生活中的废液、废渣毫无保留地排放给我们，让我们不堪重负，但人们却还说“水流三尺清”。其实我们要净化 1 吨的污染水足足需要耗费 22 吨清洁的水，这是一个何等巨大的代价啊？

下面，大家就从香格里拉市的三条母亲河流——奶子河、纳曲河、龙潭河的污染情况来认识人类活动与河流的关系吧。

河流	纳曲河	奶子河	龙潭河
上游景观			
中游景观			
下游景观			

考察

为了进一步弄清香格里拉城区三条母亲河的污染情况，卓玛和同学们计划实地考察三条河流，请全班同学进行讨论，做出周密的计划。

1. 时间安排：________________

2. 线路选择：________________

3. 交通工具及费用：________________

4. 需要携带的观察用具：________________

5. 安全公约：________________

____

____

____

充分讨论后，卓玛和同学们在老师的带领下决定实地考察三条河流。请在考察的过程中填写下列考察报告：

	污染程度	流速	流量	沿河景观	人口居住密度	固体污染物	液体污染物	主要污染源
纳曲河								
奶子河								
龙潭河								

通过这次考察，

1. 你的发现是：

2. 你的建议是：

3. 你最想做的是：

如果你和卓玛不在同一个学校，你和你的同学也可以在老师的指导下参照他们的做法考察学校附近的河流或湖泊，写出你的调查报告。

第八章　为了共同的家园，香格里拉人在行动

卓玛、拉姆和其他同学们通过认真学习、考察、走访和分析，初步了解了森林破坏、水土流失以及学校附近河湖特别是市区河流污染的主要原因：

1. 高原坝区→地势平坦→水流缓慢→流量较小→水的自净能力较弱。

2. 高寒缺氧→生态脆弱→一旦破坏→难以恢复。

3. 寒冷加贫穷→需要取暖→砍伐森林→水土流失→河流混浊→加重污染。

4. 人口增多→随意丢弃垃圾→加重污染。

5. 受教育程度低→缺乏环保意识→加重各种污染……

同时，卓玛和她的同学们也看到了香格里拉人的觉醒和近年来环

保方面所取得的巨大成就，他们决定积极参与到学校、乡村、城市的水资源保护活动中去，为使香格里拉的天更蓝、水更清、山更绿、人更美作出自己的贡献。

知识点

迪庆一市两县一区已经顺利实施九年义务教育，全州人口素质进一步得到提高。迪庆州自 1998 年全面实施天然林保护工程以来，天然林保护和公益林建设取得了巨大成就。迪庆州将在管好 2 583 万亩森林的基础上，实施公益林建设任务 168.296 万亩，其中人工林 83.8 万亩，飞播造林 18.49 万亩，封山育林 144.2 万亩，人工促进天然更新 21.3 万亩。迪庆天保工程建设任务全面完成后，预计可新增森林面积 222.455 万亩，全州森林覆盖率由原来的 65.4% 提高到 75.16%。

迪庆投入了大量的资金，建设金沙江和澜沧江干热河谷地区的“提灌工程”，保证全州人畜饮水安全。

迪庆州水能资源丰富。全州水能蕴藏量达到 1 370 万千瓦，占全省的 13.4%，“两江”流域的 10 条河流水能蕴藏量达到 204 万千瓦，而且流量稳定，落差大，交通方便，便于开发。进入“十五”后，州委、州政府紧抓国家实施西部大开发战略以及“西电东送、云电外送”的历史机遇，把水电业作为迪庆州四大支柱产业之一来培育，水电业进入了产业化、规模化发展时期。全州总装机容量从“九五”末的 15.4 万千瓦增加到 31.46 万千瓦；除输送省网外，还为即将大规模开发的普朗、羊拉铜矿储备了充足的能源。

- 龙潭湖环湖治理取得巨大成功。
- 香格里拉城区冬季供暖工程已经于 2008 年启动。
- 香格里拉市荣获“最受外国人喜爱的旅游城市”。
- 独克宗古城荣获“中国最佳民族风情魅力名镇”。
- 碧塔海、纳帕海被列入《国际重要湿地名录》。
- “三江并流”被列为“世界自然遗产”。

活动

出一期保护水资源、保护大自然的专刊。

扩展任务

每人绘一幅家乡的美丽图画，写一句祝福家乡、祝福人类的话作为图画的题目。

第二部分　四川区域

第一章 长江水系概况

一、水资源概况

我们都知道水是生命之源，地球上所有的生命都离不开水。虽然我们每天都可以喝到干净的水，但是你知道吗？在地球上，每天还有很多人没有水喝，为什么呢？

知识点

地球上的总水量为 13.86×10^{9} 亿立方米，其中绝大部分是咸水，占到总水量的 97.47%；而淡水仅占了 2.53%。

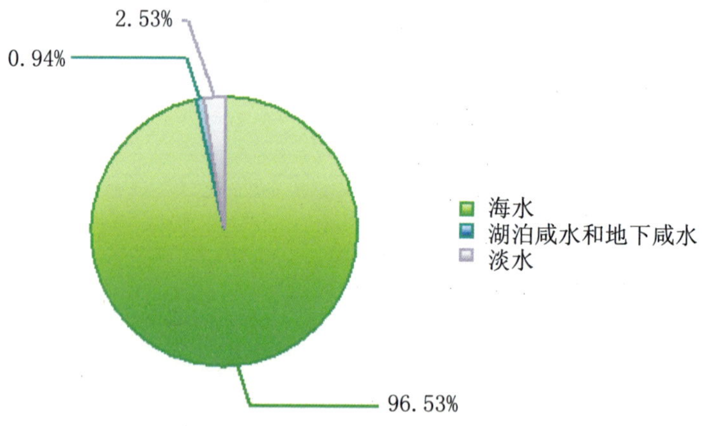

地球水体的存在形式及储量

地球上可供人类利用的水资源是极其有限的，而且其分布也不均匀。

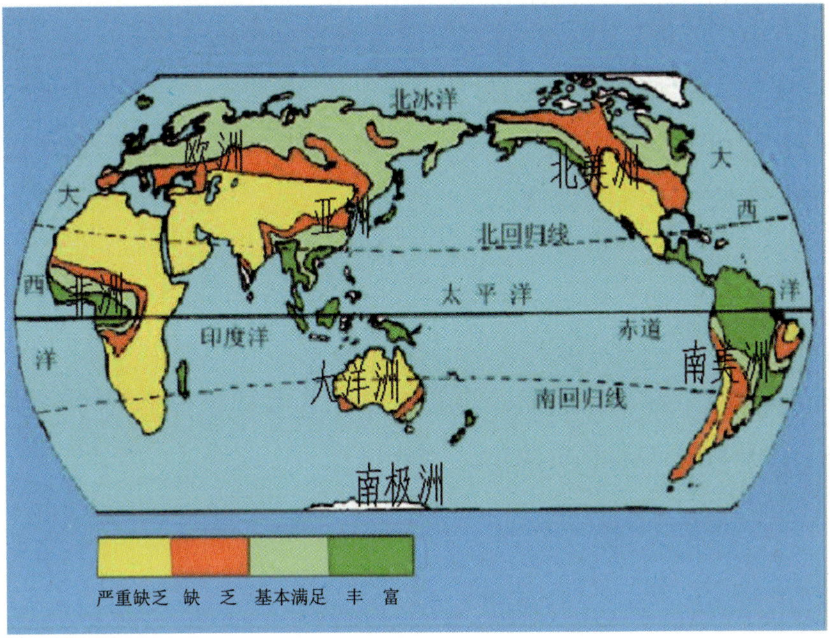

世界水资源分布示意图

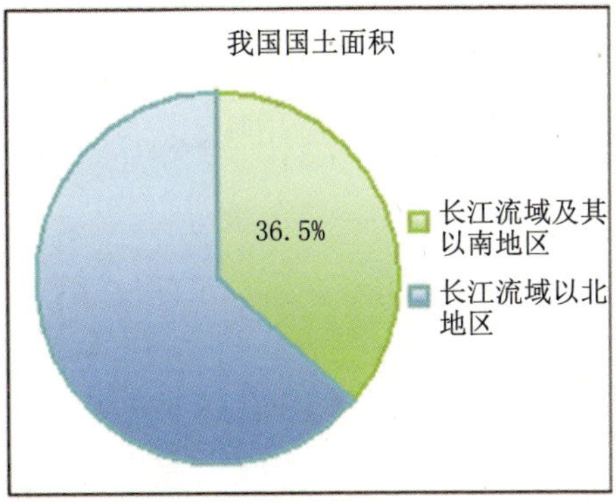

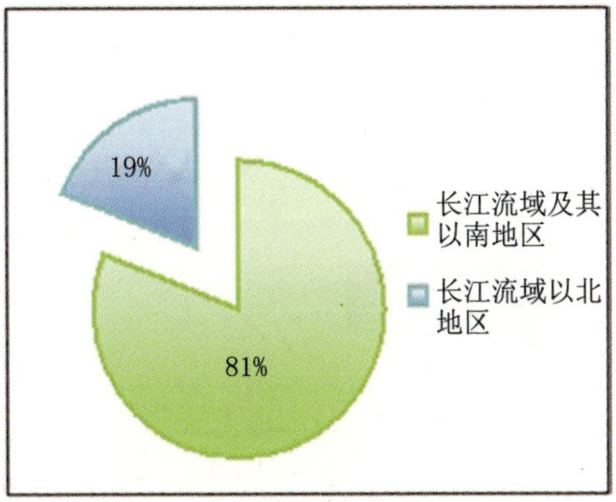

我国水资源分布图

我国水资源地区分布很不平衡，长江流域及其以南地区，国土面积只占全国的36.5%，但其水资源量占全国的81%；其以北地区，国土面积占全国的63.5%，而其水资源量仅占全国的19%。

我国按河流水系划分成十大流域：黑龙江流域、辽河流域、海河流域、黄河流域、淮河流域、长江流域、珠江流域、东南诸河流域、海南诸河流域、内陆河流域。

活动

1. 请调查：你的家乡是否存在水资源匮乏和分布不均的问题？
2. 请开展：本地水资源情况调查报告写作比赛。

二、长江流域

“故人西辞黄鹤楼，烟花三月下扬州。孤帆远影碧空尽，唯见长江天际流。”

这是我国唐代诗人李白的《送孟浩然之广陵》。李白送朋友去当时的扬州，但是他为什么在诗中提到了长江呢？长江的干流又会经过哪些地方呢？它的哪一部分会经过我们的家乡——四川呢？

知识点

长江发源于“世界屋脊”——青藏高原的唐古拉山脉各拉丹冬雪峰西南侧，干流流经青海、西藏、四川、云南、重庆、湖北、湖南、江西、安徽、江苏、上海11个省、自治区、直辖市，于崇明岛以东注入东海，全长6 300余千米。

长江干流流经省份图

长江干流在湖北省宜昌以上为上游，长 4 504 千米，流域面积 100 万平方千米，其中青海省直门达至四川省宜宾河段称金沙江，长 3 464 千米；四川省宜宾至湖北省宜昌河段称川江，长 1 033 千米。湖北省宜昌至安徽省湖口为中游，长 955 千米，流域面积 68 万平方千米。安徽省湖口以下为下游，长 938 千米，流域面积 12 万平方千米。

长江上、中、下游图

【一起做游戏】

“我是长江”

挑选出 11 ～ 15 名同学（数量请根据实际情况酌情确定）手牵手，分别组成上游小组、中游小组和下游小组。

每个小组推选出 1 ～ 3 名同学（数量请根据实际酌情确定）代表本流域流经的城市（请制作城市形象标志）。余下的同学分别扮演导游与游客（根据实际情况，每个城市可以交换同学扮演导游和游客）。

游戏过程：老师引导学生，按照长江流经的城市，开始旅程。每到一个城市，扮演城市和导游的同学，需要向大家介绍当地的特色。

三、四川的“四大支流”

你知道吗？关于四川名字的由来有很多种说法，其中一种是说四川之所以叫四川，是因为其境内有嘉陵江、涪江、岷江和沱江四条长江支流。

知识点

嘉陵江是长江北岸主要支流之一，自北向南纵贯四川盆地中部，于重庆市朝天门码头注入长江，全长 1 120 千米。

涪江是嘉陵江的支流，发源于

四川省松潘县与九寨沟县之间的岷山主峰雪宝顶。涪江南流经平武县、江油市西南部、绵阳市、三台县、射洪县、遂宁市等区域，在重庆合川市市区汇入嘉陵江，全长 700 千米。

岷江发源于岷山，是汇入长江的重要支流之一，岷江口是长江中上游的分界点。岷江水流量大、流速湍急，都江堰就是治理岷江的水利工程。岷江贯穿成都平原，流经的地区有阿坝、成都、眉山、乐山，最后在宜宾汇入长江。

沱江是长江上游支流，在四川省中部，发源于九顶山南麓，南流至金堂县赵家渡，经简阳、资阳、资中、内江等地在泸州市注入长江，全长 655 千米。

活动

准备：四川省地图

活动过程：老师引导学生找出嘉陵江、涪江、岷江和沱江在四川省内的流经路线，并在地图上将其描绘出来。

第二章　四川的水利工程

一、都江堰水利工程

你去过都江堰吗？听过李冰父子的传说吗？你知道李冰父子治水的秘诀是什么吗？都江堰水利工程又是由哪几部分组成的呢？

知识点

传说，秦朝时，蜀郡守李冰和儿子二郎带领治水队伍，用猛火烧、冷水泼、铁钎撬等办法凿开离堆，建成宝瓶口，形成内江，引水灌溉。但是火龙却出来危害人间，最终在骊山老母的帮助下，李二郎担来六十六座山头，引来伏龙观的江水，擒住了烤坏庄稼的火龙，并将其拴在伏龙潭的铁柱上，让它吐水灌田。从此，造就了四川“天府之国”的美誉。

说到李冰父子的治水秘诀，就不得不提到“深淘滩、低作堰”和“遇弯截角、逢正抽心”，这六字诀和八字方针的科学精髓在于，对汹涌的江水应采取疏导、而

不只是堵截的办法。

都江堰水利工程位于四川省都江堰市城西，是全世界迄今为止年代最久、唯一留存、以无坝引水为特征的宏大水利工程，历经 2 260 多年至今仍然在使用。它主要由鱼嘴分水堤、飞沙堰溢洪道、宝瓶口进水口三大部分构成，科学地解决了江水自动分流、自动排沙、控制进水流量等问题，消除了水患，使成都平原成为“水旱从人，不知饥馑，沃野千里，世号陆海”的“天府之国”。

思考

李冰父子治水采取疏导、而不只是堵截的办法，对你的学习和生活有什么启示？

二、“第二个都江堰”——“武引工程”

除了都江堰，你还知道被邓小平爷爷欣然誉为“第二个都江堰”的水利工程吗？它又是怎样造福当地的呢？

知识点

为了建设更加美好的四川，进一步开发利用涪江的水利资源，国家开始投入建设“武都引水工程”。武都引水工程，简称“武引工程”，曾被邓小平同志欣然誉为“第二个都江堰”，这是四川省以防洪灌溉为主，兼有发电、城乡供水、环保、水产养殖、旅游以及国土资源综合开发利用等多项功能的大型骨干水利工程项目，是川东北部地区工农业和城市经济发展的重要水源工程。

“武引工程”主要由武都水库、取水枢纽、总干渠及其配套的各级渠系、渠系电站、提灌站和囤蓄水库组成。全灌区规划六级渠道 119 条，总长 2 109 千米。工程从江油市武都镇涪江上游取水，控灌绵阳、遂宁、南充、广元四市八县（市、区）的农田 228 万亩。

“武引”旅游资源丰富，正在打造的涪江六峡风景区，将以峡谷生态自然风光与李白山水诗词文化为特色，以观光旅游、生态旅游、度假旅游为重点，建设国家级风景名胜区和国家级旅游区。

活动

调查你的家乡是如何开发和利用水资源的？有哪些对当地而言意义重大的水利工程？请开展课堂讨论。

第三章 四川的工业水污染与仙海湖的人工湿地

一、四川的工业水污染

你知道“世界水日”和“中国水周”吗？由于人类活动的影响，尤其是工业生产造成的水污染问题日益严峻，国内外对于水资源的保护越来越重视。那么，什么是工业水污染呢？它又会对我们的生活产生怎样的影响呢？

知识点

工业水污染指的是工业废水成为水域的重要污染源，它具有量大、面广、成分复杂、毒性大、不易净化、难处理等特点。

2002年四川省的统计资料显示：全省废水排放总量为21.9亿吨，其中工业废水排放量为11.5亿吨，占全省废水排放量的52%。

案例：2004年沱江特大污染事故

2004年3月，一起特大污染事故让长江上游美丽的沱江变成了一条哭泣之河，沿岸百万群众生活饮用水被迫中断，直接经济损失超过1亿元。这是近年来全国最大的一起水污染事故。

河床上到处都是因受污染而死亡的鱼

受污染的简阳城区，市民接用从水库运来的干净饮用水

酿成特大污染事故的"肇事小泵"

事故发生的主要原因是：2004年2月16日，川化集团公司控股的川化股份有限公司所属第二化肥厂二车间水解、解吸装置的两台给料泵发生故障，导致含高浓度氨氮的尿素工艺冷凝液排入沱江的支流毗河，一直持续到3月2日，其间共排放纯氨氮2 000吨。

思考

你的家乡存在哪些工业水污染情况？对此你有何建议？

扩展任务

以历年“世界水日”（3月22日）和“中国水周”（7月1—7日）为主题，做一张知识卡片，开展水知识卡片制作比赛。

二、仙海湖的人工湿地

你知道“地球之肺”和“地球之肾”是什么吗？“地球之肺”是人们对森林的形象比喻，而“地球之肾”则指的是湿地。对于地球和人类而言，它们有着重要的意义。

知识点

湿地，被誉为“地球之肾”，在涵养水源、蓄洪防旱、补充地下水等方面有很重要的作用。

人工湿地是由人工建造和控制运行的与沼泽地类似的地表形态，是让污水与污泥在沿一定方向流动的过程中，利用土壤、植物、微生物协同作用，对污水、污泥进行处理的一种技术方式。

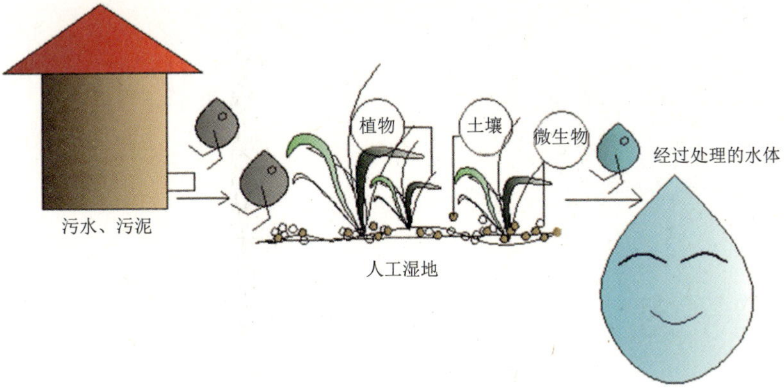

人工湿地处理水污染原理图

2003 年，四川省绵阳市仙海区场镇修建了一片人工湿地，整个场镇的污水必须要经过人工湿地的处理，才能排放到自然水域中去。

活动

1. 以历届世界湿地日（2 月 2 日）为主题，开展“湿地知识知多少”比赛。

2. 向家人宣传你所掌握的关于湿地的知识，并完成宣传日记。

第四章　“鸽子树”与“活化石”

一、“鸽子树”——珙桐

你一定见过鸽子吧？但是“鸽子树”你见过吗？2008年，四川的“鸽子树”飞到了北京，也飞到了台湾……

知识点

珙桐，别名水梨子、鸽子树、鸽子花树，是第四纪冰川南移时幸存的“遗老”。作为中国特有的树种，有“植物活化石”、“绿色大熊猫”之称，是国家一级濒危保护野生植物。

珙桐在四川主要分布在东部巫山，东南部南川，北部平武，西部至南部汶川、灌县、彭县、宝兴、天全、峨眉、马边、峨边、美姑等地。

每到春末夏初，珙桐树含芳吐艳，其白色的花形如飞鸽展翅，整树犹如群鸽栖息，被称为“鸽子树”，寓意“和平友好”。

2008 年 3 月，来自四川省绵阳市的 66 株珍稀珙桐落户北京奥林匹克森林公园，洁白的“鸽子花”展翅飞进了北京奥运。

2008 年 12 月，来自北川的 17 棵珙桐树苗与赠台大熊猫“团团”、“圆圆”一起飞往台湾。“鸽子树”不仅代表了四川人民重建家园的信心，更加见证了两岸人民相互扶持的深厚情谊。

活动

1. 学习歌曲：**《北川的鸽子树》**

北川的鸽子树，一条黄丝带，天塌地陷也牵手，我心永爱；

给我你的手，给你我的爱，给我你久违的笑，一起从头来。

2. 请制作本地代表性植物的标本，开展植物标本制作比赛。

二、“活化石”——熊猫

大家都知道大熊猫是我国的国宝，但是大家知道大熊猫的繁育基地在哪里吗？

知识点

2008年12月23日，大熊猫“团团”、“圆圆”将乘专机飞赴祖国宝岛台湾省，雅安碧峰峡基地沉浸在一片喜庆的气氛中，当地群众和中小学生依依不舍，早早来到基地送行。大熊猫“团团”、“圆圆”一到台湾，立即受到台湾同胞的热烈欢迎。

大熊猫起源于1 200万年之前，是中国特有的珍贵野生动物，有“国宝”和“活化石”之称，并具有重要的生态、科研、文化及美学价值。大熊猫在国际交往等领域也发挥着十分独特的作用，很多组织或企业选择大熊猫图案作为标志。因此，大熊猫已经成为中国乃至全球野生动物保护战线的旗舰动物。

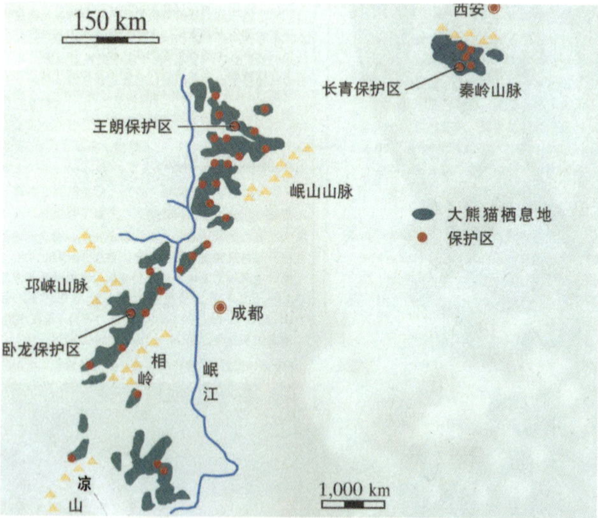

五座山系地图

中国现有野生大熊猫1 592只左右，分布在岷山、邛崃山、秦岭、凉山和相岭山五座山系，60%的野生大熊猫居住在自然保护区之内，得到有效保护，还有 40% 住在保护区外的栖息地。经过 30 年的研究，大熊猫人工繁育最近取得突破性进展，已经攻克了“发情难、育种难、育幼难”三大科研难题。目前，全国人工圈养的大熊猫有 225 只，卧龙中国保护大熊猫研究中心和成都大熊猫繁育基地已经成为世界上最大的大熊猫圈养基地，分别圈养大熊猫 142 只和 83 只。

卧龙中心

绵阳师范学院设立的“川西北保护大熊猫教育研究中心”，采用三级辐射教育系统，加强偏远山区教师、学生、村民的生态环境意识教育，已初见成效。

成都繁育基地

讨论

小组讨论：我们应该如何保护大熊猫？

第五章 四川的少数民族文化与水

一、“三过家门而不入”的大禹与大禹故里

你知道“三过家门而不入”的大禹吗？大禹的故乡又在哪里呢？

知识点

“三过家门而不入”的大禹

传说古时候，洪水泛滥，为了让人们能过上安定的生活，舜帝派大禹去整治洪水。大禹一去十三年，“三过家门而不入”。

第一次是在治水起四年后的一个早晨。大禹走近家门，听见母亲的骂声和儿子的哭声，大禹想进去劝解，可又怕更加惹恼母亲，唠叨起来没完，耽搁了治水的时辰，于是就悄悄地走开了。

治水六七年后，大禹第二次经过家门。那天中午，大禹刚登上家门口的小丘，就看见家中冒出的袅袅炊烟，又听

见母亲与儿子的笑声，大禹放心了。为了治水大业，他还是绕过家门，向工地奔去。

又过了三四年，一天傍晚，大禹因治水来到家的附近。突然天下起了滂沱大雨，大禹来到自己家的屋檐下避雨，只听见屋里母亲在对儿子说："你爹爹治好了洪水就回家。"大禹听得非常感动，更坚定了治水的决心，立刻又转身上路了。

大禹因治水有功，被大家推举为舜的助手。过了十七年，舜死后，他继任了部落联盟首领。大禹为民造福，永远被华夏子孙所称颂。

大禹故里

大禹姓姒（sì），名文命，相传为羌族的祖先。因治水有功，后人称他为大禹，也就是伟大的禹的意思。他的精神激励了千千万万的中华儿女，特别是他"三过家门而不入"的敬业和奉献精神，更是被后人传为佳话。

六月六隆重的大禹庙会

今日的大禹故里

《蜀本纪》里记载着：“禹本汶山郡广亥县人，生于石纽。”

汶川郡广亥县乃西汉前期所置，今北川境域属其管辖。根据历史学家的考证，今天的北川禹里，就是大禹的故乡。

在湔江河南一里左右的山腰上，有一片不易风化的石林。其中有两块奇怪的巨石，巨石上刻有隶书字体的“石纽”二字。相传此地便是“圣母生禹遗迹”——石纽山。

石纽山的右侧往上便是北川著名的风景旅游区——禹穴沟。一进沟，就可以看见著名景点跑马坪，传说这里是大禹射箭骑马的遗址。

金罗岩因大禹曾在那里取过治水的经书而出名，禹母床则是禹母生禹后休息的卧具，再往里走便有十多个小石潭相连，人称“连池”，“连池”下有连山巨石，形状就像盆子一样，据说里面装的水“水色金色，四季不变”，相传这是禹母诞禹后的“洗儿池”。

“洗儿池”下的溪流中，露出来的白色石头上，好像有被血浸泡过的痕迹，而且这个痕迹刮不掉。相传禹母［鲧（gǔn）纳辛氏女］在生大禹的时候难产，血滴渍到了石头上，所以，当地有这样的传说：要是喝了“洗儿池”下溪流的水，就会难产。

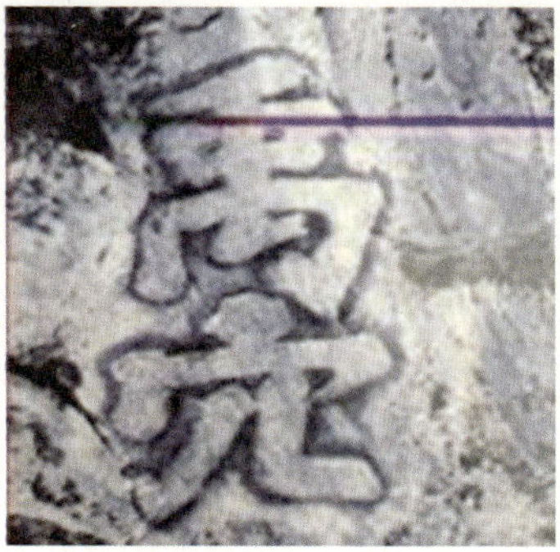

活动

请收集本地关于水的民间故事和民族习俗。

二、白马藏族、羌族和彝族的水文化

四川是一个多民族聚居的地方，居住着汉族、彝族、藏族、回族、羌族等民族。四川省是“中国第二大藏区”、“唯一的羌族聚集区”和“最大的彝族聚集地”。

知识点

白马藏族的“水神信仰”

居住在四川的白马藏族人认为，只要有河流、湖泊或泉水的地方就必定有水神。在平武县白马乡的藏族那里，新年正月初一凌晨鸡叫头遍时，各家门前都会点燃一堆柴火敬神，祈祷农业丰收。然后去河边取水，向屋内外洒水并呼喊祖先名字，唱水歌，谓之“祈水”或“供水”。

在文县、南坪县一带的藏族那里，腊月三十的时候，妇女会争先恐后地将水缸、水桶储满水，初一早晨的洗脸水必须等到初五才能泼出去，并且任何人不得背水，意为人过节，也得让水神过节。

白马藏族祭祀水神的仪式比较简单，每家选一个人到河边、湖边或泉边，焚纸烧香，跪祭水神，祈求水神保佑家庭成员健康平安。祭祀水神的日子并不固定，一般是在正月初一到初四。

羌族的“水祭”

羌人自古认为大禹是羌族的祖先，并奉之为“天下第一水神”，世代崇祭。在四川羌族地区——岷江上游、涪水源头、青衣江（羌江）两岸，均立有大禹庙或禹王宫，任人朝祭，以念祖先的千古恩德。

在大禹故里北川县，有“禹穴”、“刳儿坪”、“石纽山”、禹王庙和禹王宫等古迹圣地，以缅怀大禹的盖世功德。所以，释比（法师）在各种祭礼活动作法请神时，都要恭请大禹，而施行水祭仪式（或天干求雨）多在禹王庙、禹王宫里进行。届时，释比在大禹神像前踏着“禹步”，跳着“莎朗”，唱着颂扬大禹治水的伟大事迹，缅怀大禹治水的功德，并祈求大禹佑福羌寨昌盛、六畜兴旺、人寿年丰。

彝族的“水崇拜”

水在彝族人的一生中占据极其重要的地位，除了诞生礼、丧葬礼外，水在婚礼中也起着举足轻重的作用。如男方上女方家去订婚，只要双

方婚姻关系一说定，女方姑娘们便立即向前来订婚的人泼清凉水。迎亲之日，当迎亲者一到新娘家，见面礼同样是姑娘们泼来的一瓢瓢清凉水，有的被泼得甚至连裤腰带也湿透，当然，也有机警勇敢的迎亲者冲出姑娘圈，反把姑娘泼得像落汤鸡的。这是婚礼中必不可少的嬉戏活动，它既增添了婚礼的喜庆热闹气氛，又象征着驱邪避灾。若新娘出嫁到男方途中遇桥，是不过桥的，必须涉水而过，这同样喻示消除秽气、带来福气。

活动

请开展讲本地关于水的民间故事、民族习俗或文化传统的比赛。

第六章　堰塞湖与泥石流

一、堰塞湖

你听说过“唐家山堰塞湖”吗？你知道它是怎样形成的吗？它的现状又如何呢？

知识点

2008年5月12日，在四川发生了“汶川特大地震”，突如其来的8级地震使龙门山拦腰折断，滑落山谷间，形成了目前为止世界上因地震而形成的最大的堰塞湖——唐家山堰塞湖。

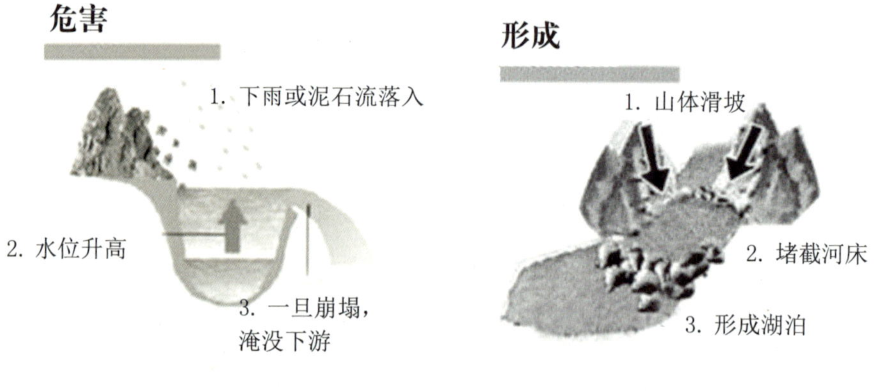

堰塞湖形成原理及危害示意图

如今的唐家山堰塞湖早已恢复了生机，时常有船只在湖面穿梭游弋。根据政府部门的建设发展规划，唐家山堰塞湖将会被打造成为世界级的旅游产品。

如今美丽的堰塞湖

活动

检测你家乡的水质，并报告检测结果。

二、泥石流

你知道什么是泥石流吗？它对我们的生活和生产有什么危害？

知识点

什么是泥石流

在一些山区的沟谷中，由于地表径流对山坡和沟床不断地冲蚀掏挖，山体常常崩塌滑坡，塌滑下来的大量泥沙石块等固体物质被水流挟带搅拌，变成黏稠的浆体，在重力和惯性的作用下急速奔泻，这就是泥石流。

泥石流的发生过程

泥石流常常具有暴发突然、来势凶猛、迅速的特点，并兼有崩塌、滑坡和洪水破坏的双重作用，其危害程度比单一的崩塌、滑坡和洪水更为广泛和严重。

泥石流形成的因素可分为自然因素和人为因素。自然因素包括地形地貌、地质构造、水文气象、暴雨激发等；人为因素包括乱砍滥伐森林、不当的开挖、堆积等活动，会促进泥石流的发生和发展。在具备泥石流发生的地质和地形条件时，降雨往往是决定因素。人为活动往往为泥石流的形成起了“催化剂”的作用。

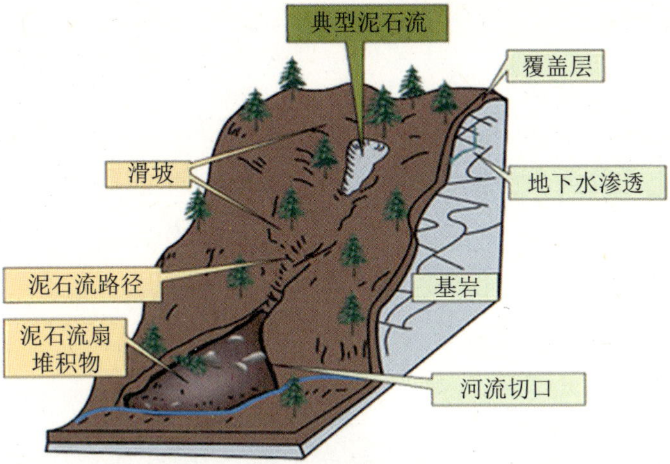

典型泥石流示意图

泥石流的危害

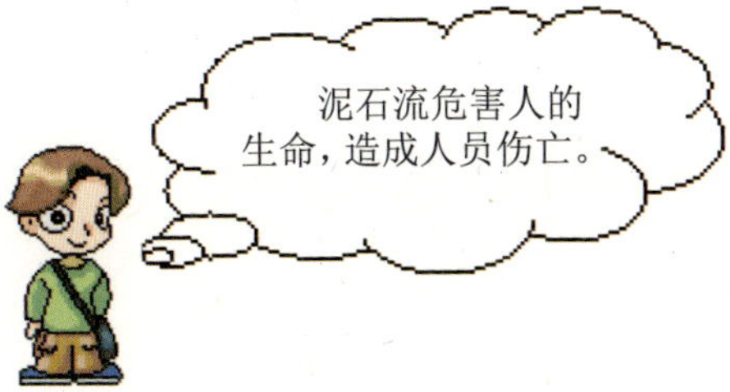

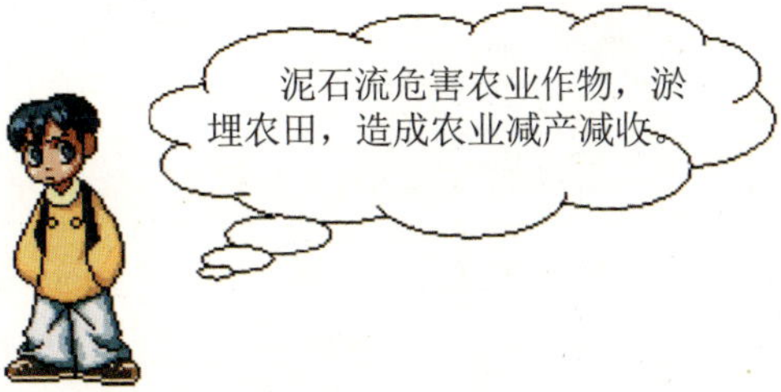

防治措施

泥石流防治，应以防为主，开展预防监测，宣传普及泥石流的知识，重视制止诱发泥石流的人为活动，保护山地生态环境，防患于未然。开展坡面治理，搞好水土保持，实行合理的耕作活动，从根本上解决泥石流灾害。

案例：2008 年北川泥石流

2008 年 9 月 23—24 日，四川地震灾区北川羌族自治县连降暴雨，遭泥石流袭击，北川老县城遗址部分区域被泥石流再次掩埋，原北川中学遗址旁边的王家岩山体出现滑坡，操场上已积有半米深的泥石。泥石流导致当地一批基础设施被毁，造成北川县 2 人遇难，30 人失踪，300 余人受伤，1 100 余间房屋（含民房、板房）倒塌，被困而急需救助群众达 6 000 余人。

活动

1. 在同一观测点，让学生观察降水强度不同时水土的流失情况，并在实验室做模拟实验。

2. 在实验室做模拟实验：观察当降水强度相同，而地面坡度不同的时候，水土的流失情况。

3. 在实验室做模拟实验：观察当降水强度相同，地面坡度也相同，而土质疏松情况不同的时候，水土的流失情况。

第三部分　上海区域

第一章　上海的水资源

上海是中国四个直辖市之一，位于东海岸边、长江入海之处，地处肥沃的长江三角洲，有超过 2 000 万人口居住在上海及其附近地区。同学们对上海的了解究竟有多少呢？是否熟悉上海这片沿海地区的水环境呢？让我们一起来了解一下上海的水环境概况。

上海黄浦江

知识点

上海位于长江三角洲东端，濒江临海，河网密布。优越的地理位置为上海的发展提供了良好的条件，使上海成为中国最大的经济中心。上海现有河道 32 000 多千米，乡村级以上河道 3 000 余条段，市区有中小河道 370 条段，长 290 多千米。上海市水面积（不包括长江口水面积 1 107 平方千米）为 687.7 平方千米，占全市总面积的 11.1%。

活动

1. 请根据地图，分别列出与上海东部相毗连的海。
2. 请简单描述上海的主要河流。

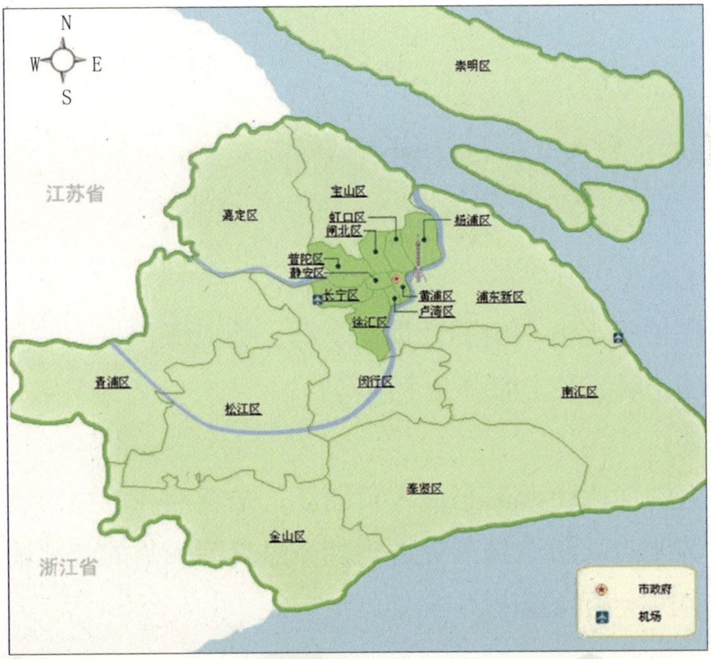

3. 你是否认识上海境内的河流？你熟悉它们的位置吗？你知道它们之间有什么联系吗？接下来，请你观察上海水环境简图，并完成活动任务。

上海水环境简图

任务①：

黄浦江位于上海市中部，贯穿上海，是上海市最大的河流。你能说出黄浦江先后流经上海哪几个区吗？

任务②：

苏州河的河水由西向东流入黄浦江，是黄浦江的主要支流。请你调查一下苏州河从清澈到黑臭再到如今黑臭消失后的变化情况以及苏州河周围居民生活的变化。

扩展任务

除了以上所观察到的河流，你还知道上海其他的河道或湖泊吗？

你所生活的社区或学校周围的水环境又是怎样的呢？请你也画一张水环境简图，介绍一下你所熟悉的水环境。

第二章 上海的生活用水

一、移动的取水口

上海的生活用水是怎样的？你家里自来水管中的水是从哪里来的？这些你都知道吗？

让我们一起来了解上海的生活用水。

知识点

上海位于中国的华东地区，地处长江和黄浦江入海汇合处，是长江三角洲冲积平原的一部分。上海的两大水源是长江和黄浦江，在黄浦江上游的松江斜塘取水口日供水量达550万吨，供应着上海市区 80% 市民的用水，上海另一个市级取水口在宝山。

取水口被逼屡屡搬迁

长江流域化肥使用量的增长使得江河富营养化程度加剧，长江流域的鱼类捕捞量由20世纪50年代的40多万吨减少到目前的10万吨，珍稀的白鳍豚已濒临灭绝。由于工业和生活污染治理滞后，水资源丰富的地区也出现了水质型缺水，在长江中下游平原一些人口稠密的地区，近水域污染使得水源地及其取水口屡屡搬迁。2009年，青草沙水库将实现龙口合龙，使青草沙成为上海市难得的优良水源地和城市供水的战略储备地。

你知道每天消耗的生活用水是从哪里来的吗？你了解自己所用的水源是否安全可靠吗？想探究未来的用水情况吗？让我们一起行动。

活动

调查社区的取水口情况

活动目的：水资源是一种重要的环境资源。通过室内资料的收集和整理，结合适当的野外考察，进一步了解社区取水口的情况。

活动过程：通过上网、走访等方式查找你所生活的社区取水口的基本信息，并制作成知识卡片。

知识卡片

时间：________________

取水口位置：________________

地址选取原因简述：________________

____

你所在社区的生活用水来源有过变动吗？试调查其原因。

____

____

二、上海的缺水问题

知识点

上海市内河道蜿蜒、黄浦江水身边流、紧贴长江与东海，素来享有“东方水都”的美名，然而，它却是一个严重缺水的城市。这是为什么呢？

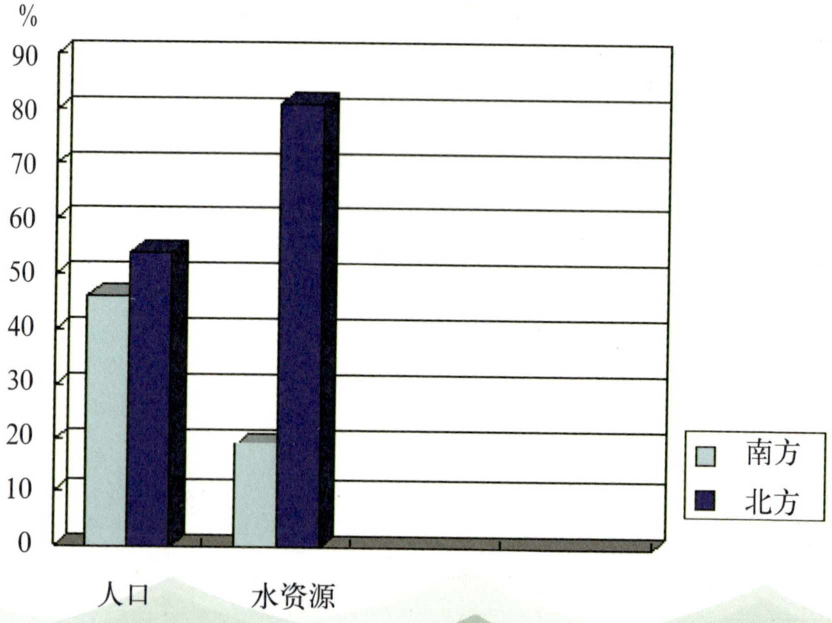

从人口和水资源分布统计数据可以看出，中国水资源南北分配的差异非常明显。长江流域及其以南地区人口占中国总人口的54%，但是水资源却占了81%。北方人口占46%，水资源却只占19%。

南方地区不注意污水的处理，把未经处理的污水大量排放到天然河道中，污染水体，影响水资源利用，造成了水质型缺水的严重状况。

资料：《地表水环境质量标准》（GB 3838—2002）中规定，我国地面水分五大类，其使用目的和保护目标如下：

类别	标准
Ⅰ类	主要适用于源头水，国家自然保护区
Ⅱ类	主要适用于集中式生活饮用水、地表水源地一级保护区、珍稀水生生物栖息地、鱼虾类产卵场及仔稚幼鱼的索饵场等
Ⅲ类	主要适用于集中式生活饮用水、地表水源地二级保护区、鱼虾类越冬及洄游通道、水产养殖区等渔业水域及游泳区
Ⅳ类	主要适用于一般工业用水区及人体非直接接触的娱乐用水区
Ⅴ类	主要适用于农业用水区及一般景观要求水域

活动

家庭水质检测

活动目的：

当我们描述某地区的水资源时，一般有两种属性，一类是数量属性，另一类是质量属性。通过本活动，希望同学们能了解家庭用水的水质状况。

活动过程：

1. 用透明度较高的玻璃杯接满一杯水，对着光线看有无悬浮在水中的细微物质。静放三小时，然后观察杯底是否有沉淀物。如果有，说明水中悬浮杂质严重超标。

2. 用玻璃杯距离水龙头尽量远一点接一杯水，然后用鼻子闻一闻是否有漂白粉（氯气）的味道？如果能闻到漂白粉（氯气）的味道，说明自来水中余氯超标。

三、生活污水的处理

自来水从水龙头里流出来，洗干净了我们的手、我们的衣服、我们的餐具，流进了下水道，后来去了哪里呢？在生活中，你有没有见过下面这些类似的现象呢？

知识点

我们生活中的污水一般是流到污水处理厂，经过处理再排放到河道或者海里。但是，也有些地方，特别是郊区，污水没有被处理就直接排放到了河里。

现代污水处理技术按处理程度划分，可分为一级处理、二级处理和三级处理。一级处理：主要去除污水中呈悬浮状态的固体污染物质，物理处理法大部分只能完成一级处理的要求。二级处理：主要去除污水中呈胶体和溶解状态的有机污染物质，去除率可达 90% 以上，使有机污染物达到排放标准。三级处理：进一步处理降解的有机物、氮和磷等能够导致水体富营养化的可溶性无机物。

活动一

调查生活污水的排放与处理

活动目的：通过调查，发现生活中的水污染与水浪费问题，了解周围人们的水保护意识。

活动过程：请调查你所在社区的污水排放情况以及所在学校的污水排放情况。开展一次以班级为单位的摄影展。

通过对家庭、社区以及学校的调查，同学们是否发现了一些污水处理过程中的问题？填写下表。

存在隐患	处理方法

通过前面的活动，我们已经发现生活中的许多用水不当以及污水排放等问题。那么，作为学生的我们应该在生活中怎么做呢？

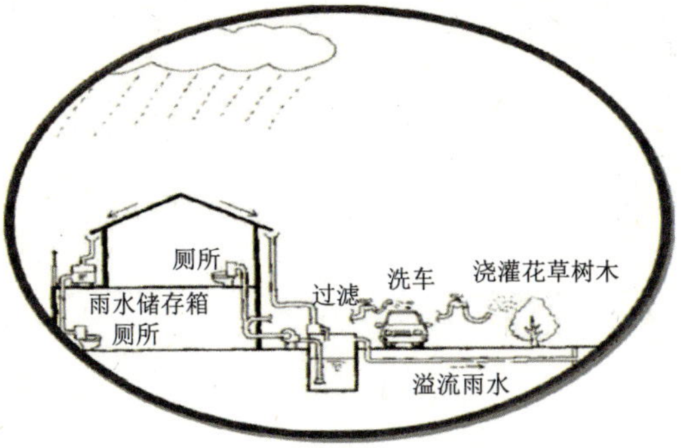

活动二

节水让生活更美好

活动目的：雨水相对于污水是比较清洁的水，经简单处理后就可以用于生活和生产中或补给地下水等。

城市雨水利用首先可以解决城市水资源紧张的问题，其次可以一定程度地改变城市河段的水流情势，有助于水生态系统的健康，这其中有很多的必要性。本活动就是要探究社区雨水循环利用的方案。

活动过程：同学们分小组讨论如何在学校开展雨水收集工作，包括雨水的收集、利用两方面，然后整理成材料互相交流。

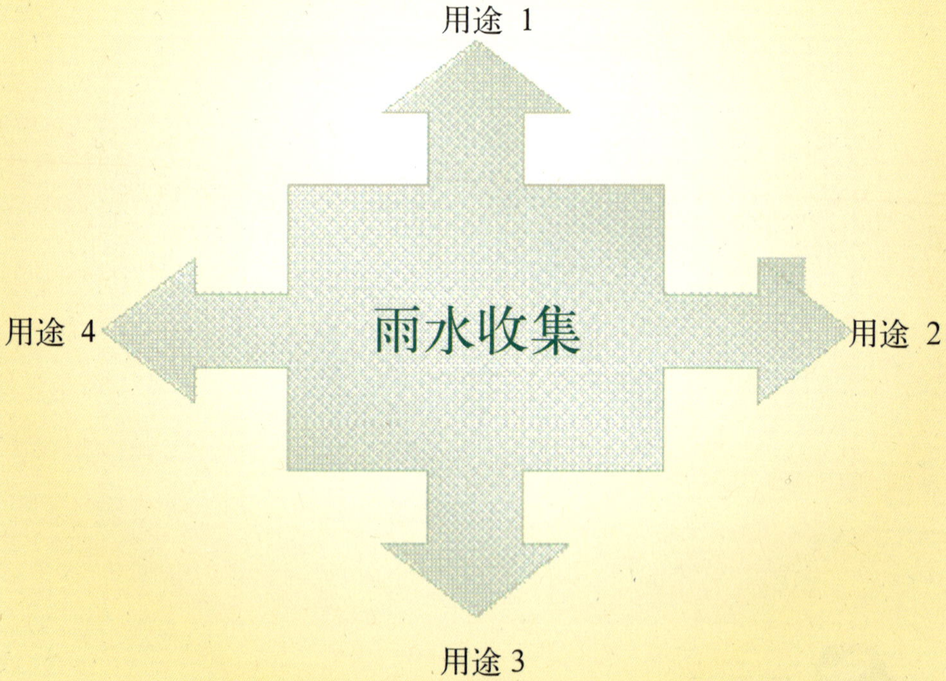

第三章　上海的工业用水

上海的工业用水情况是怎样的？你所在社区的工厂污水是如何处理的呢？让我们一起来了解一下上海的工业用水。

一、工业用水和污水的排放

知识点

工业用水是指工、矿企业在生产过程中，用于制造、加工、冷却、空调、净化、洗涤、蒸汽等方面的用水和工、矿企业职工的生活用水。

工业门类繁杂，用水的水质要求随生产工艺和产品性质而异，没有通用的水质标准。但是工业用水采用的水质参数大多是生活饮用水通用的，当然某些工业用水有自己专用的水质要求，如分原料用水、锅炉用水、洗涤用水和冷却用水等都有其相应的水质标准。

工业用水价格的变化

上海工业用水价格原来为每立方米 1.30 元，从 2009 年 4 月 1 日起调整为每立方米 2.00 元。相比于居民用水每立方米 1.03 元的价格来说，工业用水的费用相对较高，且多次涨价。请同学们想一想，这是为什么呢？

查阅

在你家或学校附近有没有工业生产部门呢？你了解它的工业用水情况吗？你知道它的工业废水是怎么处理并排出去的吗？你也可以利用网络查一查如今上海工业用水的情况是怎样的。

思考

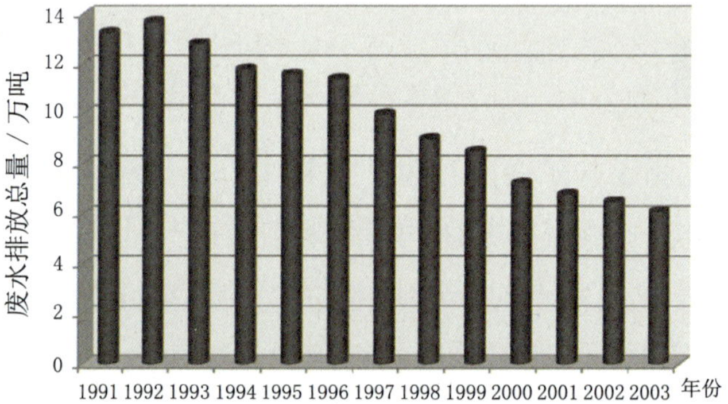

上海市工业废水排放总量的变化图

看上边的图，请你比较从 1991 年到 2003 年上海市工业废水排放总量的变化趋势，并说说为什么会有这种变化。

扩展任务

在老师或家长的带领下，参观上海某工业污水处理厂，了解工业污水是如何处理的。不同工业污水的处理方法是否相同？

二、城市规划与工业用水

知识点

上海是一个工业发达的城市，因此工业用水的污染问题相当严重。如今，为了更好地处理工业污水，上海城市规划采用集中布局工业园区的办法来解决这一问题。

上海市市级工业园区有：浦东康桥工业区、金山工业区、松江工业区、嘉定工业区、莘庄工业区、宝山工业园区、青浦工业园区、崇明工业园区、宝山城市工业园区、奉浦开发区。

活动

活动目的：了解附近工业园区的居民生活用水水质情况。

活动过程：

1. 到所在工业区或附近工业区获取一份居民生活用水水样，同时，在非工业区也获取一份居民生活用水水样。

2. 分别对这两份水样进行观察，比较它们的颜色、气味、pH 值有什么不同。

3. 将这两份水样分别煮沸，再观察煮沸后的水质情况，看是否有沉淀物，　尝一尝这两种水的味道有什么不同。

4. 将检测结果填写在下面的表中。

检测项目 水样	颜色	气味	pH 值	煮沸后是否有沉淀	煮沸后的味道
工业区的水					
非工业区的水					

思考

1. 工业给居民的用水带来了怎样的影响？

2. 如果让你来布局上海工业园区，你认为怎样规划可以让工业用水的处理更高效，污染更少，影响的范围也更小呢？

三、节约我们的工业用水

知识点

工业是节约用水的重点产业，从 2006 年开始，除万元生产总值的能耗外，节约型社会的另一项重要指标——万元生产总值用水量，也将正式纳入上海市统计指标体系，并成为国民经济和社会发展规划的强制性指标，以进一步提高上海这个“水质型缺水”城市的用水效率。

思考

1. 万元生产总值用水量

你知道什么是万元生产总值用水量吗？到 2010 年，上海要初步建成节水型社会（城市）框架，万元生产总值用水量下降至 105 立方米，这代表什么意思呢？

2. 工业用水量的变化

以下是上海市浦东新区 1999—2003 年的工业用水量（万吨）统计表，请你谈谈其工业用水量的变化，并思考为什么会有这样的变化。

年份	1999	2000	2001	2002	2003
工业用水 / 万吨	6 912	14 678	7 642	8 900	9 573

考察

你了解你所生活的社区或学校周围有哪些工业单位吗？你知道它们的工业用水量如何吗？

考察内容：

1. 考察前，先对上海工业用水量的现状做一个了解，可以在网上搜索一些相关法案和案例，看看上海工业用水总体情况如何。

2. 了解你所在的社区或学校附近有哪些工业单位，调查它们的工业用水来自哪里。

3. 前往附近的工业用水供应厂，询问一下你附近这些工业单位每年的工业用水量大概是多少，看看用水量是否在不断减少呢？

考察结果

第四章　我们身边的水

我们身边有什么样的水环境呢？让我们先来看看日常生活中一些常见的景象吧！

社区小河道

小河道

城市绿地

路边雨水井

活动一

认识身边的水环境

你知道吗？
城市的用水大户是机关、学校、医院和社区。
你了解身边的自来水管道设计吗？了解消防用水吗？
你注意过路边的雨水井吗？
城市绿地的浇灌可能造成水的浪费，你相信吗？
阳台上的水斗和下水管道通往何处？

如果你对这些还不太了解的话，那还等什么，赶快去拜访一下你所在的学校或社区周围的水环境吧！

以小组为单位，对周围的水环境进行调查，看看周围有哪些地方用到水，这些水又是从哪里来？要流到哪里去？根据所调查的情况，做一张调查表，格式如下：

用到水的地方	此处水的来源	此处水的去处

活动二

检测河流水质

亲爱的同学们：你们发现了吗？一条潺潺的溪水要经过森林、越过山谷、经过小桥人家，在这段旅程中，它要经历许多不同的环境，所以它和人一样也有不同的体质，有时候也需要做一个健康检查哦！

但是你们可知道，溪流里有许多生物，其实它们也和水质的好坏有关，不一样的水质里会发现哪些不同的生物？如何来探究水质好坏的指标呢？什么原因会造成不同的水质状况？而对生态环境有帮助的水质又是怎样的呢？我们要怎样做才能保护好水质呢？

希望同学们可以利用水质观察来仔细分析不同的环境对水质有什么不同的影响，经常耐心地去观察附近的环境，看看有没有什么变化影响了水质。如果你可以用文字或绘图的方式来记录，并且能够借助数码相机来增加记录的完整性，那就会更好！别忘了最后也是最重要的事，就是要将你最感动也是最想跟人分享的经验或心得写出来，那就太棒了！祝你有大发现哦！

实施方式：分组调查检测，进行小组讨论，水质以实地调查检验为主。

所需设备与器材：记录表、数码相机、水桶、试管、温度计、透明度测量桶、溶氧量检测药剂、酸碱值检测药剂、量尺等。

活动内容：

一、技巧大考验

1. 介绍及讲解水质检测的目的及意义。

①先将酸碱检测剂放入装有河水的瓶中，充分摇晃后，观察瓶中水色的改变过程。

②观看水质检测录像，了解水质检测的意义及目的，同时掌握水质检测的步骤及方法。

2. 校园内水质检测实际操作。

①选择校园内的一处水池，先猜测水温、浑浊度、溶氧量、酸碱度的数值。

②分组按照水质检测步骤检测该水池的水温、浑浊度、溶氧量、酸碱度等，并与自己判断的数值进行比较。

二、揭开河水的秘密

1. 采集样本。

2. 揭开秘密。

①将采集到的样本水按照水质检测步骤，进行水温、浑浊度、溶氧量、 酸碱度检测并判读数值。

②将检测到的各项数值记录到实习本上。

③重复上面的步骤，共检测三次水质。

④对比三次检测结果，看看有何异同，并探讨其原因。

三、分享心得

1. 分组讨论调查样本区水质的调查结果。

2. 针对结果拟定一份报告，并制成海报及网页进行公布。

活动三

寻访上海的母亲河

大家都知道，上海的母亲河是黄浦江，我们对她的了解有多少呢？让我们走近母亲河，去领略一下母亲河的风采吧！

黄浦江上

黄浦江边夜景

活动目的：探访我们的母亲河——黄浦江

活动内容：

1.“滴水”行动。以“保护母亲河，滴水在行动”为主题，开展“水环境知识进课堂、进社区活动”创意实践大赛。

2.“亲水”行动。以“骑迹伴行母亲河”为主题，以班级为单位，组织大家骑行上海范围内的黄浦江段，在自行车上插上宣传小旗，沿途向市民宣传保护母亲河的重要性。

3．“洁水”行动。到母亲河边开展“打捞水垃圾”志愿活动。

思考

寻访一下周围的居民，了解母亲河过去和现在的情形，将寻访结果进行今昔对比，大家一起思考：母亲河的水质有变化吗？是变好了还是变坏了呢？

讨论

如何保护身边的水环境

在我们生活的环境中，浪费和污染水资源的现象比比皆是。这些现象，你看到过吗？

暴发蓝藻水华的社区小河道

垃圾污染小河道

城市绿地频繁浇灌

被污染的雨水井

在我们的生活中，以上这些污染和浪费水的现象随处可见。如何保护我们身边的水呢？请以小组为单位进行讨论，并把讨论结果记录下来。

现象	保护措施